看意林 | 作文好 | 考名校

北大清华学长的

写作黑科技

《意林》编辑部
“羊知道”学霸团队 主编

中国人民大学出版社
·北京·

图书在版编目（CIP）数据

北大清华学长的写作黑科技 / 《意林》编辑部，“羊知道”学霸团队主编. -- 北京 : 中国人民大学出版社，2020.7

ISBN 978-7-300-28068-4

Ⅰ. ①北… Ⅱ. ①意… ②羊… Ⅲ. ①作文课—高中—教学参考资料 Ⅳ. ①G634.343

中国版本图书馆CIP数据核字(2020)第070960号

北大清华学长的写作黑科技

《意林》编辑部 “羊知道”学霸团队 主编

Beida Qinghua Xuezhang de Xiezuo Heikeji

出版发行	中国人民大学出版社		
社　　址	北京中关村大街31号	邮政编码	100080
电　　话	010-62511242（总编室）		010-62511770（质管部）
	010-82501766（邮购部）		010-62514148（门市部）
	010-62515195（发行公司）		010-62515275（盗版举报）
网　　址	http://www.crup.com.cn		
经　　销	新华书店		
印　　刷	天津中印联印务有限公司		
规　　格	166mm×230mm 16开本	版　　次	2020年7月第1版
印　　张	14　插页 1	印　　次	2020年7月第1次印刷
字　　数	199千字	定　　价	39.00元

自序

为每一个十分之一而努力

从每个人都做过的梦说起：

如何在现在的基础上，将高考成绩再提升100分？

这个问题看起来太过宏大，也太像一时脑子发热讲出的不负责任的话。

但其实，你相信吗？这是我在高二第一次参加省模考试获得599分后思考的问题。后来，我的高考获得了700分。

梦想与现实只有十分之一的距离

这本该拿到的100分去了哪里？希望你拿出最近的考试卷子仔细分析：多少分是因为知识漏洞？多少分是因为粗心大意？多少分是因为时间不够？希望你认真对比《高考考试大纲》，然后给自己制订一个提分计划。“幸福是奋斗出来的”，每一个100分，都是十分之一的叠加。我们想告诉你，语文作文，也是这十分之一。

当然，每一个十分之一的达成，都是不容易的。但是，我们将这本书呈现到你的面前，就是想要悄悄而坚定地告诉你：有了这本书，语文作文“55+”，将成为所有十分之一中最容易的开始。

你将看到的，是凝结众多清北学长学姐写作经验的助力秘籍，希望你仔细阅读下面的使用指南，为即将到来的航程提供方向。

本书使用指南：十分之一的起点从这里开始

作文，无非审题立意、素材运用、语言美化、结构优化四个板块，本书就从以上板块展开。我们以四大板块为核心，送你二十四种“写作黑科技”，让你的作文如虎添翼。

审题立意：希望你明白如何解读“材料说了什么”、如何确立“我想表达什么”，建议你学习审题思路，树立多重立意，将理论用于实践巩固练习。看完之后，合上本书，找十几个作文题目来练习，只需要审题、立意，寥寥数笔，几个关键词的勾画，便能做到得心应手、游刃有余。

素材运用：人人都明白的作文素材如何写得出彩？人人都没有的作文素材何处搜集？源于传统和当下时政统统兼顾，跨学科思维让素材运用如有神助。认真阅读，坚持每日搜集积累一点点，相信我们，这些努力会在作文考场上被一秒激活。从需要疯狂挤牙膏到简单条件反射，其实只需要掌握方法，就必然会日有所进。

语言美化：除了“多读书”，我们想跟你多说一点新鲜的。读完鲁迅不会成为鲁迅，背完古诗写不出古诗，这不是你阅读积累太少，而是你缺乏美化语言的方法。如果我们告诉你，短短10字的作文素材可以极简单地扩写成一个精美绝伦的论述段落，有种方法能让你不再成为“诗词搬运工”，你相信吗？如何学习其他优秀典型语段而化用得不着痕迹？建议你找到我们推荐的语段素材来源认真研读“20+”段，并尝试应用我们的黑科技改编自己的作文语段。

结构优化：由浅入深，进一寸有一寸的欢喜。并列逻辑，正反对比，层进逻辑，高阶升级，最简单的写作模板让你的文章条理分明、逻辑清晰。建议你在每次考试中做实践演练，考完之后找老师分析，你会感受到自己的飞速进步。

我们：予你鲲鹏之力

“我们”，到底是谁？我们来自“旸知”团队，我们是八个幸运地进入清华北大的同学，用了三年的时间，不断总结反思，最后有了你手里拿到的这本热气腾腾的书。

我们愿意在本书之外，为你添加扩展内容。如果你在阅读过程中有任何问题，欢迎移步微信公众号“羊知道”中的“意林信箱”板块，向我们提任何形式的问题。当然，也可以在微博“苏苏苏小饼”中向我们发送私信，说出你的疑问。学长学姐们一定会倾心解答，包括本书，也包括本书之外的、关于高中的一切。

我们坚信，这本《北大清华学长的写作黑科技》，是助你拿下第一个十分之一最简单的方式。

从第一字到最后一字，为你，千千万万遍。“选择你所爱的，爱你所选择的。”一本作文书，今日送你，青云万里。

苏静颖
2020年4月24日

目录

PART 01 综述

我是怎样做到篇篇作文都“55+”的

黑科技解密1 命题秘密？什么啊，近年高考作文题早在十年前就考过了 P004

黑科技解密2 前方高分预警！原来阅卷者青睐这种写作思维 P015

黑科技解密3 天天刷微博热搜，我的作文怎么还能做到篇篇“55+” P024

黑科技解密4 你看过这么多书，为什么还是写不好作文 P029

PART 02 审题立意

审题立意做得好，再也不愁没素材写

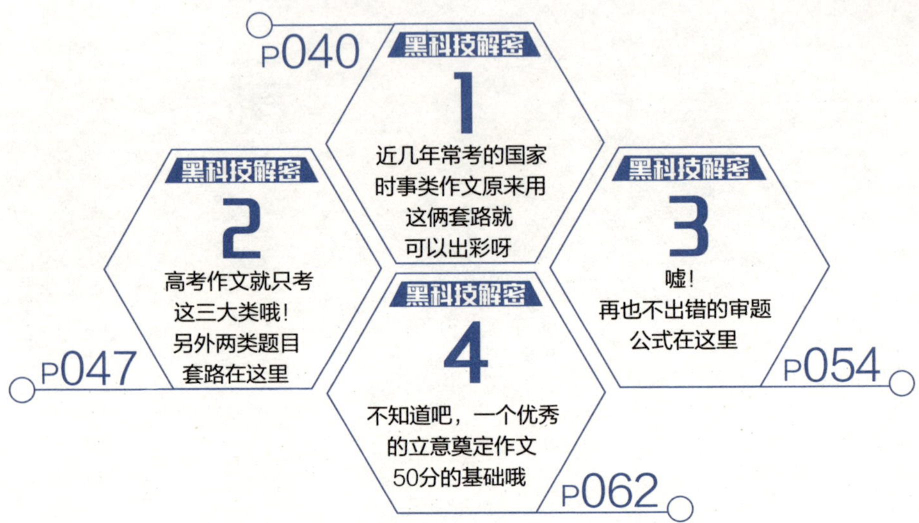

PART 03 逻辑框架

“三段式”作文有点low？其实还有很多花样可以玩

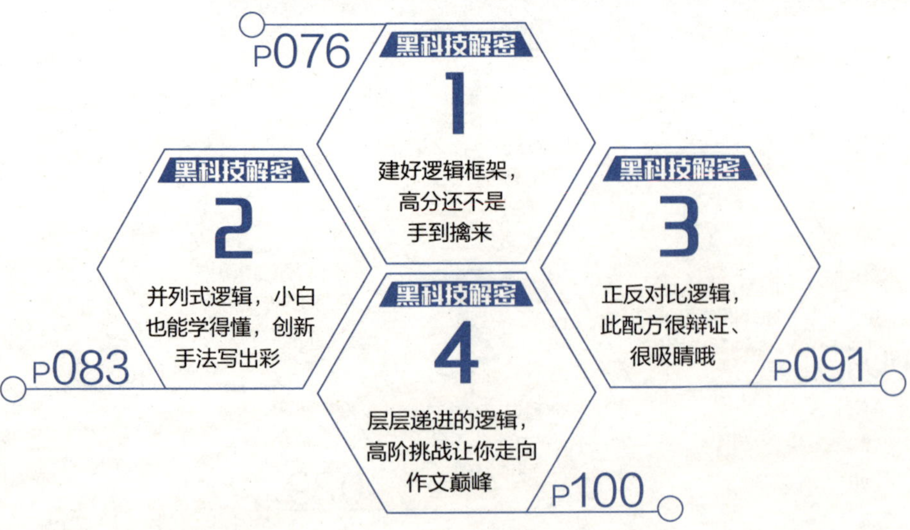

PART 04 玩转素材

小众、高级+百搭，素材运用终极秘籍看这里

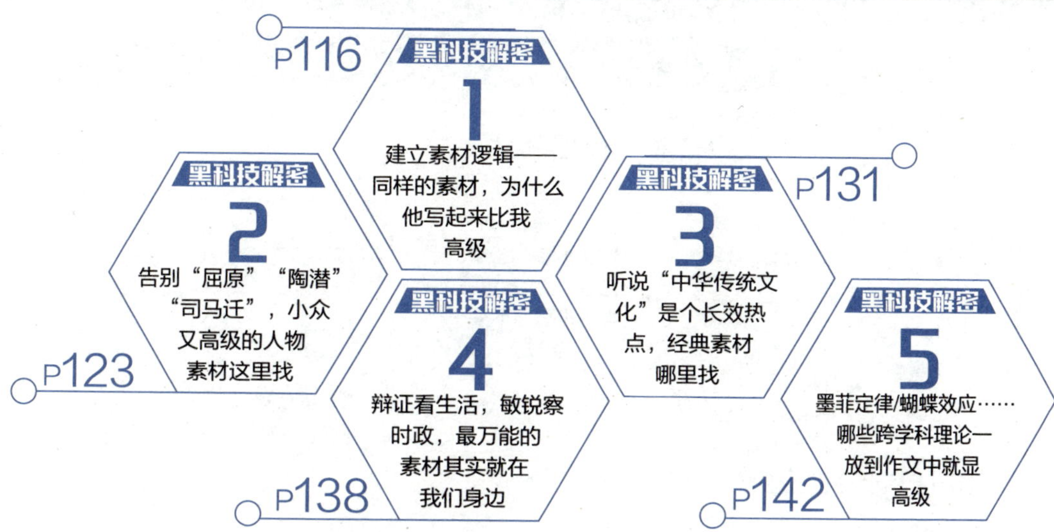

PART 05 文采飞扬

都说作文靠文采，可文采从哪里来

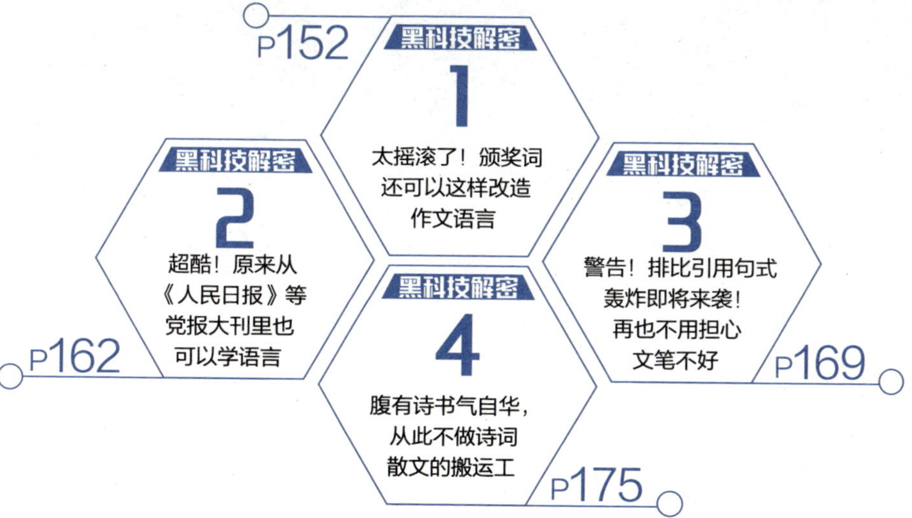

PART 06 整体行文

高分作文的标题、开篇、结尾套路在这儿

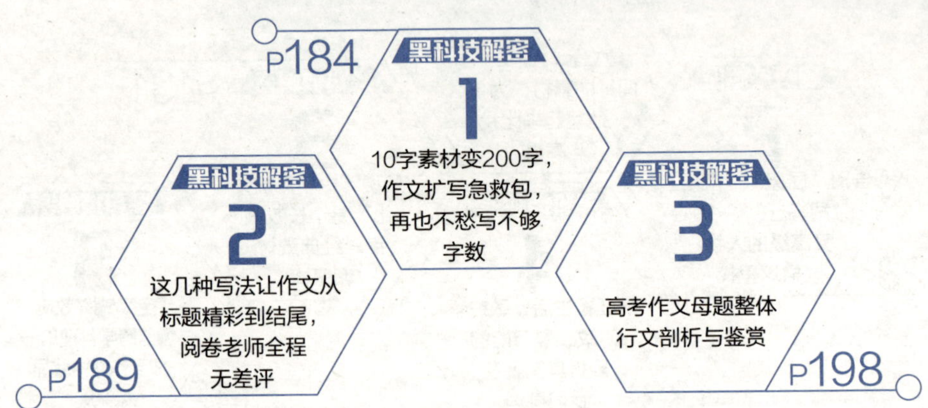

综述 我是怎样做到篇篇作文都“55+”的

黑科技解密
1
命题秘密？什么啊，近年高考作文题早在十年前就考过了

黑科技解密
2
前方高分预警！原来阅卷者青睐这种写作思维

黑科技解密
3
天天刷微博热搜，我的作文怎么还能做到篇篇“55+”

黑科技解密
4
你看过这么多书，为什么还是写不好作文

XXXXX

学姐说说说

Q

学姐，看完序言之后，我对高中学习的计划安排与对自己的认知更加明确了。最近几年，高考作文可以说是常有创新。这么新颖的命题，如果是我在考场上，说不定就“凉凉”了，所以我就更加迫不及待地想进入从语文作文中提高10分的环节啦！在开始之前，我需要做什么样的准备呢？

A

这可就问到点子上啦！本书“PART 01”是从高考作文的基础和思维入手，带大家入门黑科技。本部分黑科技解密1会给大家带来高考母题的剖析，不仅有“老掉牙”的新材料作文，更涵盖了近几年热门的任务驱动型作文和社会时事类作文，也就是“创新题型”。相信大家在学习完黑科技解密1后便会恍然大悟——原来高考作文题都是有迹可循的。希望大家在黑科技解密1中初步领悟如何以不变应万变，学会几道母题，能解所有作文题。

Q

简直是太让人期待了！那在学会母题分析后，该怎么学习一些写作的公式，培养高考高分议论文的思维体系呢？

A

公式化训练需要建立“高考阅卷人青睐的写作思维”。这种写作思维体现在平时的练习中，就是我们独家总结的“四大环节”训练法。黑科技解密2将带大家初步感受这四大环节的内容，而它们的精髓也将在后面的章节为大家一一道来！

Q 我还有一个问题：我的老师常说写作文既要读书积累，也要关注时事。可是，我也经常关注新闻、阅读课外书，为什么在写作时还是觉得没有帮助呢？

A 别急，黑科技解密3就是大家平常辛苦搜集的时事素材的解法了。时事素材需要刻意花时间背吗？当然不。我猜大部分同学平时都有刷微博追星等习惯，所以就研发了一种利用微博热搜来把作文写深刻的黑科技。大家在搞懂黑科技解密3后，从此随意刷热搜，再结合里面提供的方法和原则，想不利用时事素材展示自己的深刻思想和文采都难！

Q 那除了看一些时事热搜解决素材储备问题外，该怎么解决看很多书也没办法提高语言表达水平、无法让自己的文章文采飞扬的问题呢？

A 在解决了高考母题、写作思维、时事素材这些根本的棘手问题后，黑科技解密4会帮助大家解决更进一步的问题——为什么看了那么多杂书，还是写不好作文？学完这种黑科技，上到平时考卷或杂志上的美文，下到信手拈来的一句话，都可以轻松为我们所用哦！话不多说，快开启这趟作文提分之旅吧！

XXXXX

命题秘密？什么啊，近年高考作文题早在十年前就考过了

每年的“高考月”，标志性话题一定少不了语文作文的命题。不仅各大媒体争相报道高考作文相关新闻、其相关话题抢占微博热搜版面，就连茶余饭后，你也不难从长辈那儿听到关于高考作文题的讨论。高考作文命题组压力可不小：既不能过于难为考生，又要在命题上留出体现差异的空间。对广大学子而言，最紧张的莫过于“命题”，担心碰上自己写不出话来的材料；最苦的莫过于“难”——面对新题型、新考法就发蒙。在越来越难以揣摩的命题面前，本就难写的高考作文成了许多人的硬伤。可正所谓“万变不离其宗”，高考作文命题同样有一套思维模式，只是它藏在了近十年甚至更久以前的题目之中。换言之，那些令我们烦恼的作文题其实早在十年前就已经考过了！那些“神秘”的母题究竟在哪儿？请看下文分解。

难题解说

高考难题 1

今年是我国恢复高考40周年。40年来，高考为国选才，推动了教育改革与社会进步，取得了举世瞩目的成就。40年来，高考激扬梦想，凝聚着几代青年的集体记忆与个人情感，饱含着无数家庭的泪珠汗水与笑语欢声。想当年，1977年的高考标志着一个时代的拐点。看今天，你正与全国千万考生一起奋战在2017年的高考考场上。

要求：请以“我看高考”或“我的高考”为副标题，写一篇文章。要求选好角度，确定立意；明确文体，自拟标题；不要套作，不得抄袭；不少于800字。（2017年全国卷Ⅲ）

其实，这则材料的中心就是谈高考。而具体如何谈，有两个方向：一是“我看高考”，高考与时代、高考与教育等角度都可以选择；二是“我的高考”，主要从高考与个人经历关系的角度去谈。这则作文命题看似不难，但写起来并非易事。当时大部分考生对高考本身的素材掌握其实并不多，而个人经历虽有很多话说，但一时要将它整理升华并写出彩也不简单。所以，很多人写起这类作文往往并不顺利。但其实早在十年前，重庆卷就有一道几乎一样的考题出现过，即这道题目的母题。

对应母题

今年是我国恢复高考制度30周年。尽管社会上对高考众说纷纭，但不能否认的是，有许多人通过高考改变了自己的命运。亲爱的同学，也许你高中三年的学习、生活都围绕着高考，有许多经历和见闻要记录，有许多感悟和认识要诉说……

请以“酸甜苦辣说高考”为话题，写一篇文章。

要求：①所写内容必须在话题范围之内；②题目自拟；③立意自定；④除诗歌外，文体不限；⑤不少于800字；⑥不得抄袭。（2007年重庆卷）

这两道题几乎不需要进行分析，大家也能看出是子题与母题了。两道题都选取了恢复高考的大时间节点，让考生写对高考的感悟。而如果我们提前看过这道母题，能够思考下如果自己面对这篇作文该怎么办，并且研究一下相应的满分范文和查阅一些资料，从而对高考历史有所了解，对自身高考经历有所感悟，还会出现肚子里没货的窘况吗？

其实，像这样对应的子题与母题还有很多，虽然有些不如它们这么一目了然，需要进行分析，但最终都能提炼出一个相似的内核来。下面，我再给大家分析几道题目，并且分析难度是逐渐加大的。

高考难题 2

语文学习关系到一个人的终身发展，社会整体的语文素养关系到国家的软实力和文化自信。对于我们中学生来说，提升语文的素养主要有三条途径：课堂有效阅读、课外大量阅读、社会实践。

要求：请根据材料，从自己语文学习的体会出发，比较上述三条途径，阐述你的看法和理由。要求选好角度，确定立意，明确文体，自拟标题，不要套作，不得抄袭，不得泄露个人信息。（2016年全国卷Ⅱ）

2016年，刊登在《中国高等教育杂志》上的一篇文章给我们梳理了高考命题“一点四面”的改革主题，其中包括核心价值、传统文化、依法治国、创新精神。其实，随着市场经济的深入发展，中国经济腾飞的过程中也涌现了不少问题，而青少年对阅读、传统文化的漠视就是其中长期存在的问题之一。

于这则材料而言，涉及的点并不复杂，一方面是语文学习与语文素养，另一方面是提升语文素养的途径。虽在考查语文素养，但语文素养本身就包含了人文素养和民族意识，如果再进一步从材料中抽出其本质，其实不难发现这是命题人对传统文化的呼应，也是命题人对经济发展下涌现出的问题的思考。

对应母题

语文，我们每天都和语文打交道，无论课内还是课外。在你记忆的深处，或许有语文学习的难忘印象，或许有关于语文的诸多感慨。

请在下列题目中任选一题作文。
1.语文，心中的一泓清泉
2.语文，想说爱你不容易
（2007年江西卷）

相比上一道题，这则材料的表达方式就更加直白了，直接给了两个围绕语文的题目供学生选择。从“无论课内还是课外”不难看出，这是对语文学习和语文素养的考查。所以，对于语文学科的重视或是说对传统文化的考查，早在2007年就已出现。如果提前注意到了这道母题，在2016年全国卷Ⅱ中便能有更多与语文学习、语文素养相关的素材可用。

高考难题 3

因父亲总是在高速路上开车时接电话，家人屡劝不改，女大学生小陈迫于无奈，更出于生命安全的考虑，通过微博私信向警方举报了自己的父亲。警方核实后，依法对老陈进行了教育和处罚，并将这起举报事件的经过发在官方微博上。此事赢得众多网友点赞，也引发一些质疑，经媒体报道后，激起了更大范围、更多角度的讨论。对于以上事情，你怎么看？

请给小陈、老陈或其他相关方写一封信，表明你的态度，阐述你的看法。要求综合材料内容及含义，选好角度，确定立意，完成写作任务。明确收信人，统一以“明华”为写信人，不得泄露个人信息。（2015年全国卷Ⅰ）

这道题当年可以说引起了极大争议。有说它对农村考生不公平，也有说题型突变，考蒙了不少考生。

我们来仔细看一下这道题目。注意到写信对象——任何相关方，也就是说，你可以给任何人写信，从任何相关角度看待这个问题。不过，就这篇综述文章而言，我们先不以如何确定深刻立意并服务积累素材的思维方式深入展开，而是抽出题目的中心，以此去接近命题人的思维模式。

我们回看这道题目。如果将这则材料的中心抽离出来，便是：女儿因为规则（理性）举报父亲，网友们对于女儿这种解决问题的方式产生了争议（即应不应该理性地举报父亲，而不考虑亲情、不考虑父亲颜面）。其本质就是关于传统孝道（偏感性层面）和遵守规则（偏理性层面）的争论。基于此认识，于这道作文题而言，我们是否可以给老陈写一封信，分析他女儿的做法——用辩证的思维，有合理的一面（传统孝道演变到今天，父女关系已经由无条件服从变为平等沟通；女儿的做法是遵守交通规则、珍爱生命的表现等角度），也有不那么合理的一面（应该考虑到父亲的颜面，需要理性和感性的融合等角度）。

对应母题

宋国有个富人，一天大雨把他家的墙淋坏了。他儿子说："不修好，一定会有人来偷窃。"邻居家的一位老人也这样说。晚上，富人家里果然丢失了很多东西。富人觉得他儿子很聪明，而怀疑是邻居家老人偷的。以上是《韩非子》中的一个寓言。直到今天，我们仍然可以在现实生活中听到类似的故事，但是，也常见到许多不同的甚至相反的情况。我们在认识事物和处理问题的时候，感情上的亲疏远近和对事物认知的正误深浅有没有关系呢？是什么样的关系呢？

请就"感情亲疏和对事物的认知"这个话题写一篇文章。（2003年全国卷）

看到这个题目，反应快的同学可能已经看出它和前一道题之间的联系了。

对于这个题目，大部分人会这样立意：不能根据感情亲疏来看待事物，这样不符合理性。而经过思维训练的同学会有怎样深刻的立意呢？情与理应当兼顾。说到这里，大家应该都清楚了，这道题就是2015年全国卷Ⅰ的母题。

尽管两道题的材料、文章载体（2015年是写一封信）不一样，但实质内容是一样的。

总结来说，母题，就是样板一样的存在，它多半是过往的优质高考题，是会不定期换汤不换药翻出来重考的！

高考难题 4

阅读下面的漫画材料，根据要求写一篇不少于800字的文章。（2019年全国卷Ⅲ）

要求：结合材料的内容和寓意，选好角度，确定立意，明确文体，自拟标题；不要套作，不得抄袭；不得泄露个人信息。

2019年考了这样一道漫画作文题。其实，漫画类的体裁在近几年（2016年）也出现过。

首先，我们需要从图中提取信息：漫画表达的内容很直接，即最后一节课上展现出来的师生情。而师生情的本质，是探讨教育问题——教师的辛勤教育赋予了我们很多，让我们从中成长，并且因为在学校的朝夕相处，也使得师生成为一个不可分割的整体，因此我们需要感谢师恩、回报师恩。下面，我们再来看其对应的母题。

对应母题

阅读漫画，结合材料的内容和语义，选好角度，确定立意，明确文体，自拟标题，写一篇不少于800字的文章。（2016年全国卷Ⅰ）

2016年是回归全国卷的第一年。估计很多考生看到题目都会感到意外。和考前练的大量任务驱动型作文不同，这年竟然出了一道多年未考的漫画题。漫画其实只是材料的另一种表达方式，我们仍需要从中提取信息，只是要多一步，即从漫画中提取内容。

我们抽出漫画的中心：从100分到98分，是一个吻到一个巴掌；而从55分到61分，是一个巴掌到一个吻。对于这则漫画，我们能从不同的视角看出不同的寓意。总结来说，可以从两个层面逐步去理解：

1.学生成绩尽管优秀，但稍有波动会受到惩罚；学生成绩不理想，稍有进步也能受到表扬。这实际上表现了家长对学生分数的态度。

2.家长对分数的态度实际反映了教育中存在片面追求分数、追求升学率的问题，以此引导我们思考教育应该培养什么样的人。

尽管也有人将题目上升到社会对待进步与退步的态度上，但究其材料本质，是在强调教育问题，即：当下对孩子的教育应秉持什么样的原则与态度；在中国，什么样的教育模式才最有利于孩子的成长。这也是命题人对中国教育现状思考的体现。

高考难题 5

据近期一项对来华留学生的调查，他们较为关注的“中国关键词”有：一带一路、大熊猫、广场舞、中华美食、长城、共享单车、京剧、空气污染、美丽乡村、食品安全、高铁、移动支付。

请从中选择两三个关键词来呈现你所认识的中国，写一篇文章帮助外国青年读懂中国。要求选好关键词，使之形成有机的关联；选好角度，明确文体，自拟标题；不要套作，不得抄袭，不少于800字。（2017年全国卷Ⅰ）

阅读下面的材料，根据要求写作。

2000年　农历庚辰龙年，人类迈进新千年，中国千万“世纪宝宝”出生。

2008年　汶川大地震。北京奥运会。

2013年　“天宫一号”首次太空授课。

公路“村村通”接近完成；“精准扶贫”启动。

2017年　中国网民规模达7.72亿，互联网普及率超全球平均水平。

2018年　“世纪宝宝”一代长大成人。

…………

2020年　全面建成小康社会。

2035年　基本实现社会主义现代化。

一代人有一代人的际遇和机缘、使命和挑战。你们与新世纪的中国一路同行、成长，和中国的新时代一起追梦、圆梦。以上材料触发了你怎样的联想和思考？请据此写一篇文章，想象将它装进“时光瓶”，留待2035年开启，给那时的18岁的一代人阅读。

要求：选好角度，确定立意，明确文体，自拟标题，不要套作，不得抄袭，不得泄露个人信息；不少于800字。（2018年全国卷Ⅰ）

刚开始对比这两篇文章，你可能会说："除了都是写信，好像看不出很直接的联系。"那为什么把这两篇看似毫不相关的作文放在一起分析呢？其实，它们还拥有相似的母题。别急，我们一起往下看！

首先看2017年的题目，材料十分明确，解读几乎没有难度，即从十二个关键词中任选两三个，形成有机联系，帮助外国青年读懂中国。进一步分析，你会发现每个关键词都是一张中国的名片。而帮助外国青年读懂中国，需要什么？需要的正是能代表中国的那一张张响亮的名片，需要的也是我们对祖国历史的自豪、对当下的审视、对未来的信心。

所以，当我们从材料中抽离出中心，暂时忽略那些关键词之间交错复杂的联系时，看到的其实就是中国保持优秀传统文化、把握当下机遇、创新未来发展的缩影。简单来说，是对祖国发展的讴歌与展望，是祖国与当代青年共同的成长史写照。这是命题人对家国情怀的考查。

分析完2017年的题目，我们看看2018年的题目。相比2017年，2018年从时间线上把时代特征动态体现了出来，即突出了"00后"——"世纪宝宝"的成长年代，并以给2035年的青年写一封信的形式让学生对材料做出阐释。题目中的"一代人有一代人的际遇和机缘、使命和挑战"，让人想到，无论是此时的青年还是2035年的青年，无论是此时的中国还是彼时的中国，都有属于他们的年代，也都有属于祖国的时代。究其本质，仍是命题人对学生家国情怀的考查，是对学生是否能意识到自己与祖国发展息息相关的追问。

也就是说，2017年的作文题里用过的素材和语言，绝大部分完全可以运用到2018年的作文题中去。

对应母题

据美国全球语言研究所公布的全球二十一世纪十大新闻，其中有关中国作为经济和政治大国崛起的新闻名列首位，成为全球最大的新闻。该所跟踪了全球75万家纸媒体、电子媒体及互联网信息，发现其中报道中国崛起的信息有3亿多条。那么，中国的崛起主要有什么值得称道和关注的特点呢？《中国青年报》和新浪网在中国网民中进行了调查，结果排在前六位的分别是：经济成就、国际影响、民生改善、科技水平、城市化进程和开放程度。

请根据以上材料，谈谈自己的所思、所想。选择一个恰当的角度，题目自拟，文体不限（除诗歌外）；不要脱离材料的含义，不要套作，不得抄袭。（2011年新课标全国卷）

上述这则材料其实要求的是学生时刻关注祖国的发展，不能因高考的寒窗苦读而两耳不闻窗外事。它要求学生将自身成长与祖国发展结合起来。如果说2017年与2018年的材料令你头痛，令你感觉没有话说，那当你体会了这道母题的用意，从自身的视角出发，去关注国家时事，去体悟命题人对家国情怀的要求时，你便不会摸不着方向了。

说了那么多，也给大家分析了近几年的几道难题及其母题，你或许还是很疑惑：这么多母题，我真的有时间去一一看完吗？每一道母题，我都能准确地抽出其本质吗？作文题变化多端，我怎么才能以不变应万变？有没有什么归纳好的素材与方法可供利用？

别急，母题的研究方法其实本质上就是一种思维方式，通过锻炼，它能让你更深刻地理解命题人的意图，站在比他人更高的位置去看待作文命题这一似乎令人琢磨不透的学问。

1.过去的高考题要关注，但要关注其中的难题

过去的高考题有许多，要一一关注自然是不可能的。所以，研究母题的精髓其实在于研究难题，因为难题带来的启发才是最有价值的。那么，何为难题？总结来说有两点供参考：第一，你读不懂它的材料，几乎摸不着头脑；第二，你读懂了材料，但肚子里没有货，也就是遇到了自己的“素材盲区”。

2.四大板块，带你以不变应万变

尽管我们能从母题的思维中抽离出题与题之间的本质联系，但也要承认，每年的高考命题都在紧跟时代发展步伐，都在变化。题型也好，载体也好，都力求创新。许多人面对变化往往会乱了阵脚。

可作文的基础——对四大板块的掌握永远不会落伍，掌握好它们，也就握住了那把应对万变的钥匙。

那么，这四大板块是什么呢?

那就是审题立意、逻辑框架、内容沉淀、语言美化。

在这里就不为大家展开来说了，后面的每章内容都会围绕它们来为大家细细讲解。

3.欢迎跟我们开启高考百搭方法探险

正如文章开头提到的，许多作文题目其实早在十年前就考过了，这不是巧合，更不是命题的漏洞，而是因为高考作文命题如雅思、托福一样，有它相对固定的模式。为何学好了雅思，却不一定考得好托福？是英语水平不够吗？显然不是，是模式不熟的原因。

所以，对母题的分析与四大板块的作用一样，意在告诉大家：作文命题与写法均是有规律可循的，只要我们能以符合它模式的方法加以训练，突破高考作文就会像搭积木一样顺其自然。慢慢地，写作水平就提高了。

所以，没什么可担忧的。在此书接下来的章节中，怀着探险精神，和我们一起去享受百搭方法带来的刺激吧！

前方高分预警！原来阅卷者青睐这种写作思维

这一节里，我们将为大家展示本书“黑科技”的神奇所在——高考作文“速成”高分的训练模式与方法。在大家的传统印象中，作文写得好的人要么天生拥有语文天赋，语感及语言表达能力优于大多数人；要么积淀深厚，从小博览群书。但是，如果你的天赋没那么明显，积累也不是那么深厚，还有两年、一年甚至几个月就要高考了，又该怎么办呢？难道就没有希望了吗？很显然，不是的。正如上一篇所说，高考是有延续性的，是在传统基础上一点点不断创新的。高考也是标准化的，是比较公平的。标准化的考试就会孕育标准化的答案，所以，即使是语文这种貌似难以捉摸、不太有规律的学科，即便是作文这道更加让人“头晕目眩”的题目，也是有标准化的答案的。我们在这里将其称为高考作文的“公式化”。那么，到底什么是高考作文的“公式化”？它有哪些步骤和环节？如何才能熟练掌握这套公式？下面，就请听我细细道来。

所谓高考作文的“公式化”，可以称之为一种训练方法，也可以把它理解为一种写作模式。“公式化”的训练有三大步骤：

第一大步骤如本篇标题，是从宏观上确立高考议论文的写作思维。这种写作思维有四大环节——审题立意、逻辑建构、丰富内容、美化语言。这四大环节也是“公式化训练”的重头戏，是本书的重点内容。

在这四大环节完成之后，采取第二大步骤，即微观完善提高，比如标题拟取、开篇结尾这些小细节。

第三大步骤，便是整合能力，实现篇章成文——在40到50分钟的时间内完成一篇漂亮的考场议论文。

接下来，我们通过一些具体的例子来让大家初步感知“公式化训练”的四大环节是如何进行、如何展开的。

根据高考作文的特点，我们要做到写出符合题目要求的立意很简单，但是我们以追求高分为目的，当然不能止步于此。要做到在短时间内找到最深刻、精准、新颖的立意，是需要经过系统训练来掌握方法技巧的。这也是四大步骤中最难的一步。空谈无据，我们直接从一道高考真题谈起。

典型例题

据近期一项对来华留学生的调查，他们较为关注的“中国关键词”有：一带一路、大熊猫、广场舞、中华美食、长城、共享单车、京剧、空气污染、美丽乡村、食品安全、高铁、移动支付。

请从中选择两三个关键词来呈现你所认识的中国，写一篇文章帮助外国青年读懂中国。要求选好关键词，使之形成有机的关联；选好角度，明确文体，自拟标题；不要套作，不得抄袭，不少于800字。（2017年全国卷Ⅰ）

思路点拨

一道作文题，可以把它粗略地分为材料和题干两个部分。在审题立意的时候，需要分别对其进行解读、分析。

这道作文题的材料部分粗看非常简单，只是列举了一些词。然而，这些词之所以成为“中国关键词”，却是我们在写作之前非常有必要思考的。一方面，它们极具中国特色，是我们国家变化发展的真实写照，是独特的、主观的；另一方面，它们又极具时代特色，是社会发展逐渐开启新局面、新进程过程中获得的新成就、遇到的新问题。“关键词”们正因这两大无可替代的特色，才成为来华留学生们的关注核心。

对于题干部分，同样是在寥寥数语中藏有玄机，每句话都不可轻视——这是命题人对广大考生审题、理解能力的考验。我们可以初步形成如下分析：

> 选择两三个关键词：不可少选，不可多选，必须是两三个。
> 帮助外国青年读懂中国：从介绍中国的角度出发更加恰当。
> 形成有机的关联：所选择的关键词需要有一条主线将它们联系起来。

现在，再回过头来看材料，完成题干交给我们的第一个任务：选择两三个关键词。

从多达十二个词语中挑选出两到三个，在高度紧张的状态下，一旦慌神就会感到无从下手。想为立意找寻灵感、提高效率，便要对关键词进行分类，也就是同类合并。分类便要遵循一定的章法，有一定的标准和逻辑。比如：

> 传统辉煌文明：中华美食、长城、京剧
> 现代辉煌发展：一带一路、共享单车、美丽乡村、高铁、移动支付
> 发展中存在的问题：空气污染、食品安全
> 中国特色文化：大熊猫、广场舞

根据以上思路，便可以对作文题中所有的关键词有一个整体的把握。并且，由于已经进行过分类，那么一个类别下的关键词便自然地形成了“有机的关联”。最初级的审题立意便由此产生：从一个分类中选择两三个，单一地写传统辉煌文明，单一地写现代辉煌发展，单一地写发展中存在的问题（当然，这种思路是最不推荐选择的，从我们的文化自信角度考量，高考中不太欢迎这样纯粹批判性的文章），又或者单一地写中国特色文化。

由此观之，即便是在最初级的关键词分类中，考生也至少有四个大方向的立意可以进行选择，而从其中选择一个自己最能够驾驭的方向，不是什么难事。

经过系统训练的同学当然不能就此满足。我们需要“更高级”的写作思维，来形成更加高级的关键词分类、更加高级的立意。这里先剧透几个“高级思维”的框架——辩证、时空、由小见大。

① 辩证的角度：将现代辉煌的发展与发展中存在的问题有机结合，但最终仍需回归到文化自信的落脚点——虽然有这些发展中的问题，但是中国做得越来越好。

② 时空（即过去、现在、未来）的角度：将传统的辉煌与现在的辉煌有机结合，展望中国美好的未来发展前景。

③ 由小见大（即个人、社会、国家）的角度：个人方面选择广场舞，展现中国人积极的精神面貌；社会方面选择美丽乡村，展现社会群体合力打造美好中国的精神面貌；国家层面选择“一带一路”，展现中国的大国形象。也就是由小见大，集中展现中国的欣欣向荣。

当然，从辩证、时空、由小见大三个大角度还可以产生很多有机的结合，我们在自行选择的过程中有更大的选择空间。至于在短时间内发现并形成这些更容易写高级、写深刻的立意角度，则是一个经过系统训练的高考作文写手应有的素质。

从以上来看，想要写好高考作文，就必然要掌握高考作文的思维方式。即使是最初级的立意，也需要我们对材料内容进行正确的梳理和分类，才能找到其中的有机关联。而理解了高级立意的逻辑思维，我们便可以更加从容自在地从多个角度进行立意选择。在不同的立意模式下，考生还可以根据积累的丰富程度，挑选自己最有话可说的关键词。对于这样一道兼顾不同考生群体、拥有诸多选择的作文题，你还会去吐槽它难写吗？

思维的训练不是看过这些框架后就可以轻易解决的事情，这样的思维是需要在平时思考每一道作文题目的过程中慢慢养成的。审题立意，是大家在考场上写作文的第一步，却是训练写作文过程中最后完成的一步。当你把其他所有环节做得面面俱到的时候，最终让你的分数大大提高的，就在于你的思想深度，而思想深度的根源在于你的立意。

逻辑，是一篇文章的整体结构，是文章的灵魂所附、血肉所依。建构逻辑，说得通俗一些，就是确定作文的结构；再通俗一点，就是确定作文的模板。说到这里，想必有很多同学会满心愤恨：说好的素质教育呢？连作文都要用模板了，素质何在？说到“三段式”作文，想必也会有人下意识地嗤之以鼻：这种老套俗气的模板，竟还能在如今的考场上奏效？

但是，我们坚持认为，大家需要用更加理性的眼光来看待运用模板的问题。要知道，即使是大作家，在最初写作的过程中，也避免不了要先学习他人的写作方式，避免不了运用模板。所以，对待模板的正确方式是：在我们还在学怎么走路的时候，充分学习、运用、模仿；等到我们熟练了，渐渐长出了翅膀，这个时候可以开始在模板的基础上创新，渐渐形成自己的风格。这就是一个从学习模板到去模板化的过程。

在我们的“公式化训练”中，会要求大家循序渐进地根据以下原则掌握写作的框架：

在训练高考议论文写法之初，需要充分掌握并列式；之后过渡到层进式，并掌握层进式的几种递进手法；层进式使用熟练后，就要开始脱离模板，形成个人风格了。

这里对并列式和层进式分别举一个简单的例子，以帮助大家进行初步的理解。

例1 **并列式**

标题：穷其可能

论点：穷其可能，才能实现人生价值

分论点1：穷其可能，需要强大的信心

分论点2：穷其可能，需要无比的勇气

分论点3：穷其可能，需要超人的智慧

【分析】信心、勇气、智慧，都是“穷其可能”的一个表现，三者是互不妨碍的，即使互换位置，也于行文逻辑无碍。这种分论点整齐展开、并列而行的逻辑架构，就是“并列式”。

例2 **层进式**

标题：吾闻过，心窃喜

论点：闻过则喜，助你在人生路上行稳致远

分论点1：闻过则喜，可以成就一个人的事业

分论点2：闻过则喜，可以带领一个集体走向胜利

分论点3：闻过则喜，可以兴盛一个王朝

【分析】这三个分论点的句式虽然和例1十分相似，但细看便可以发现，这三个分论点是层层深入、步步推进的。从个人到集体再到王朝（国家），视野不断扩大，格局不断提升，也把文章的境界不断向高处推进。

关于并列式和层进式的具体内容，在后面的章节中会有详尽的分析和指引。

丰富内容

丰富内容，说得简明扼要一些，就是充分运用事例论证来支撑文章观点，这些事例也就是大家常说的作文素材。

大家肯定看过很多充分引用那些你都没听过的名人及其事例作为论据的高分作文，你羡慕作者的博学多才，却很少主动去思考怎么才能跟作者一样使用高级的素材为自己的文章增色——很明显，阅卷者已经对"李白""杜甫""司马迁"产生了审美疲劳。

又或者说，很多同学依然不知道怎么去搜集作文素材（素材从哪里来？搜集的形式是电子的还是手写的？要怎么分类、怎么整理？搜集多少才够？），搜集了又不知道怎么去运用好（什么样的素材用在什么类型的文章中？同样的素材如何用于不同的文章？素材和文章如何才能无缝衔接、自然融合？）。

对此，我们的建议是：要用恰当的方法，高效、简洁、有条理地搜集素材，并形成自己的素材库。这个素材库需要达到的效果便是"以不变应万变"，考场写作时只需从中挑选，信手拈来。

与传统的根据"主题"对素材进行分类的方法不同，我们将值得搜集的素材分成以下类别：高级小众的人物素材、中华传统文化相关素材、时事政治素材、生活（思维）辩证素材。前三个字面上的意思都比较好理解，这里就针对生活辩证素材来举一个例子。

前段时间，一首叫《生僻字》的歌曲在网络上大火，还一度上了微博热搜。下面是人民网上刊载的一段文艺评论，可以作为素材搜集的背景材料：

> 在近些年国学升温的背景下，《生僻字》这首歌火了。它曲调简单，很容易上口，而歌词里有很多平时见面频率比较低的字、词，引起大家的好奇。为了适应大家的需要，网上已经出了拼音版歌词，方便学会读音后传唱。在各方面都肯定这首歌有助于认识生僻字时，也有不少

网友提出，这些字在歌里记得，脱离了歌词、单独放到生活中恐怕依然不认得。从记忆的特点来说，学习字、词，光是记得形和音，很快就会忘记。

生僻字之生僻，原因之一在于用得少、见得少。歌词中有些词相对而言使用频率高一些，如“茕茕孑立”“沆瀣一气”这一类，认识并且会使用会带来一些便利；另外一些生僻字，如“叕”“燚”等，现代人已经很少碰到，认得它们并没有太大用处。这种知识有与没有，对生活、学习影响不大，不必过度夸大认生僻字多的好处。

对于《生僻字》，有人认为这是“重拾被冷落的汉字之美”，也有人认为这是“拼凑堆砌”“跟风蹭热度”——这便是我们可以挖掘思考的一个点。单独就这首歌曲来看，我们需要辩证地看待作者的创作水平和创作动机；抽象一点，我们可以从“文艺作品与传统文化的关系”的角度来分析；又或者，从“生僻字”扩展到“汉字”，再拓展到中国古典的诸多文化，还可以从“传统文化的当代继承发展”的角度来分析……

通过这个例子，我们想说明的是：积累和思考，可以来自生活中每一个时刻。积累素材时，积极的思考和“高级的品位”，是让文章足够新鲜又足够深刻的利器。

语言是跟天赋和从小的积累挂钩最紧密的东西。读书多了，自然受到感染。然而高考迫在眉睫，短短一年半载也不好赶上别人十几年阅读所积累的功力。但我们的“公式化训练”之所以有信心把它与前述步骤一并列出，当然就是有法可依的。

语言美化与素材积累密切相关。如果我们能在第三个步骤中积累下保质保量的素材，便能在语言上省下不少工夫。比如下面这句话：

船在海上，马在山中。——洛尔迦

这就是一个放之四海而皆准的句子：如果要写一篇以“每个人都有自己的位置”为主题的文章，就可以用这个做标题，贯穿全文；如果要写一篇以“实现中国梦”为主题的文章，便可以把它作为过渡或收尾——“船在海上，马在山中，每一个华夏儿女都在前进的路上”。

那么，我们该如何美化搜集到的素材中的语言呢？对于“优美”类型的句子，你只要学会怎么改写（特别是改动其中的名词，化为己用），学会怎么让它与作文主题产生联系（将其中的意象对应到作文的主题），便可以借用现成的表达来为自己的文章增色了。

语言的美化需要结合个人风格。有人擅长抒情文艺类文风，文采飞扬；有人擅长说理思辨类文风，逻辑缜密；有人看问题的角度独特犀利，分析新颖；有人关注家国大事，文思磅礴大气……在这一部分，我们需要做的是找到自己擅长的或是有潜力发展的一个方向，再结合我们在第三个步骤中所做的素材准备，从句式到引用再到化用，用模仿的方式加以“突击”强化。

当然，以上所举例子只是小小的一部分，关于这四大环节的详细黑科技解密，大家要集中精力、耐下性子，跟随我们一起开启接下来的高分黑科技解密之旅！

从宏观上知道作文该怎么写之后，我们就要进入一些具体细节部分啦！一定要集中精力呀！

3 天天刷微博热搜，我的作文怎么还能做到篇篇“55+”

在黑科技解密3中，我们将一起了解“微博热搜时事素材”的搜集和使用方法。近年来，高考作文题可谓越来越“与时俱进”，不再是悬于抽象道理之上的空中楼阁，而是关注发生在我们身边的大小事件：或是社会变迁中新旧观念的冲突，或是祖国发展进程中的成就与坎坷……这就对我们把握时事热点的能力提出了更高的要求。时事素材需要刻意花时间背吗？当然不。我猜大部分同学平时都有刷微博追星等习惯，所以我们就研发了一种利用微博热搜来把作文写深刻的黑科技，这种黑科技就是解剖热搜的“三步曲”。第一步：热点追踪，通过多方搜索了解新闻时事的主要内容，尽量做到全面、不偏不倚；第二步：观点启发，从新闻时事中挖掘“启发点”，形成辩证思维的良好习惯；第三步：拓展延伸，由辩证思维提炼出作文观点，并由此进一步延伸扩展，触类旁通。总之，从身边的热点事件中提取作文素材，本质上就是对生活本身进行辩证思考，并由此进一步拓展扩充，这些都是议论文写作的“保鲜剂”。

《流浪地球》与它的热搜

热点内容

改编自刘慈欣同名科幻小说、郭帆导演执导、吴京特别出演的科幻冒险电影《流浪地球》票房一路逆袭，成为2019年春节档第一口碑电影，并获得各方的关注和认可，不仅原著作者刘慈欣激动地表示“中国科幻在今天终于启航了”，知名学者戴锦华也用“中国科幻元年在2019年开启了”给予电影极高评价。

《人民日报》发文为《流浪地球》点赞：“在《流浪地球》里我们看到了一种理念，一种将全人类团结在一起‘集中力量办大事’的理念”；新华社也发文称赞：“中国科幻是把整个人类当作一个命运共同体，这也可能是中国科幻最有魅力的部分。”此外，《光明日报》发文评价《流浪地球》：“作为中国科幻电影元年开山之作，《流浪地球》所代表的正是华语科幻电影的希望，它的意义不仅仅是将文字化为影像，更是为中国电影行业打开了科幻之门”；《纽约时报》亦称其为“标志着中国电影制作新时代的到来”。

观点启发 《流浪地球》与“中国科幻元年”

我们并非要给《流浪地球》唱赞歌，但必须承认《流浪地球》对中国科幻电影的意义。

电影中精湛的特效，在中国科幻影史上堪称教科书级别。地球在宏大宇宙视野下的极致孤独感，在影片中被表现得淋漓尽致。地球擦过木星时，因受到木星引力影响，众多行星发动机损坏，需要抢修；全球有超过45万支救援队伍，踏上了拯救地球的道路，不计代价，不论人力是否超过需要……

让电影颇受诟病的原因之一是镜头对准了一支来自中国的主角团队，于是有了“中国人拯救地球、个人英雄主义色彩太浓厚”的说法，然而事实是：前期，支援抢修杭州行星发动机的任务失败；中期，支援抢修苏拉威西转向发动机，被其他队伍抢了先；最后，影片高潮“火烧木星”，同样有其他转向发动机的队伍做了一样的事。在这一过程中帮助过刘培强团队的，是来自各个国家的人；太空中正在“反抗”的，从来不止刘培强一人……这恰恰与“个人英雄主义”是相反的。45万支救援队伍，最后修复了大多数熄灭的行星发动机，路上的那些故事未必没有刘启一行人的精彩。让地球文明得以延续的力量，不只来自主角团队，还来自这些镜头没有照到的人，来自整个文明的共同努力。

诚然，电影尚有硬伤，部分难以自圆其说的剧情、女主在关键时刻有些强行说教的演讲等，都不免让人有些遗憾。可该片打破了美国式科幻的束缚，完成中国科幻电影从无到有之迈进的这些努力和勇气，不该被忽视。

拓展延伸　中国视角下的“科幻未来”

一直以来，中国科幻电影都在寻找中国视角下的“科幻未来”，例如《机器侠》《长江七号》等作品，但创作者均无意构建未来世界观，所谓科技也只是推动情感叙事的线索，甚至退居为提供娱乐性的功能元素，科幻电影的文化话语权长期为美国好莱坞电影霸占。

而美国科幻电影中的宇宙观，无不体现了美国实现星际殖民的外太空幻想。直到《流浪地球》问世，才第一次从中国的文化角度去想象全球人类的未来命运，提供了独属农业文明的宇宙观、解决地球危机的另一种方式：守卫地球。这绝对是中国科幻史上意义非凡的重大突破。

影片以刘培强一家难以割舍的三代亲情为主体，从独属于中国儒家文化的家庭伦理出发，既有“我们还有孩子，孩子还有孩子”的《愚公移山》之隐喻，也有“没有人类的文明，不叫人类文明”的主张……这些都是好莱坞所主导的流行科幻电影所不曾亦无法体现的中国文化内涵。

表面看，这部电影只是一部本土爆款科幻电影，但是如果能够稍微深入思考，把它作为中外文化内涵对比的素材，有朝一日能用在作文中，不就“赚大”了吗?

华为与它的创新之路

热点内容

移动互联网时代，智能手机成为最重要的终端产品，影响着我们生活的方方面面。随着5G的到来，华为作为科技创新领域巨头的地位进一步加强，新一轮的手机争夺战也因此变得愈加激烈。2019年2月25日，世界移动通信大会（MWC）在西班牙巴塞罗那举行，各大手机厂商花式“秀肌肉”，纷纷亮出自家的王牌产品。这期间，华为推出的5G折叠屏手机Mate X尤为亮眼，将人们对5G手机的幻想推向了最高潮。

Mate X搭载华为首款5G芯片——巴龙5000，理论峰值下载速率达到了业界最快的4.6Gbps，创新的OLED柔性全面屏和独特的鹰翼式折叠设计，带给用户前所未有的交互体验……在Mate X的映衬下，包括三星在内的诸多手机新品都显得黯然失色。凭借强大的技术优势，华为再次刷新了世界对中国手机的认知。

从2G时代的诺基亚，到3G时代的三星，再到4G时代的苹果，每次通信技术的变革都产生了不可撼动的时代霸主。而当下的5G时代，华为等中国手机商终于唱起了主角。

观点启发 华为的自主创新之路

华为官网显示，华为约有8万名研发人员，2017年研发费用支出为897亿元。近十年来，累计投入的研发费用超过3 940亿元。8万名研发人员，897亿元研发投入，这两个数字，超过了绝大部分企业的员工数量和营业收入。可以说，华为是如今为数不多愿意付出大量人力财力，脚踏实地地研发新技术、优秀产品的企业。慷慨的投入也换来了丰厚的回报：截至2017年12月31日，华为累计获得专利授权74 307件，其中90%以上的专利都是发明专利。

如果没有对创新的热忱、没有巨额的研发投入，华为是无法获得今天这样的成就的。事实上，华为的意义也早已超出了其自身。华为共有92家核心供应商，其中，中国企业有37家。这些企业为了满足华为的需求，跟上华为的节奏，不得不努力创新。而华为所处的手机行业，也是当下中国创新意识最强的商业领域。华为就像一个企业的启蒙者，探索出一条自主创新之路，并向世界证明它是可行的。

拓展延伸 华为之路，也是中国之路

自苹果引发智能手机革新以来，无论在中国，还是在世界范围内，智能手机领域无时无刻不在进行残酷的优胜劣汰。十年间，欧洲、日本品牌相继退出舞台，中国台湾的HTC昙花一现，如今全球智能手机市场只剩下中美韩三足鼎立。从2008年到2018年，华为从一个“无名小卒”到享誉世界，它的创新之路，又何尝不是中国之路？

中国一跃成为世界第二大经济体后，在研发的投入上也仅次于美国。2017年，中国企业的研发投入增幅达18.8%，超过了美国的7.2%和欧盟成员国的7.0%。我们可以看到，中国在创新这条路上走得同样坚定。在这个中国逐渐走向世界舞台中央的时代，我们国家并没有止步于经济体量大、市场前景广的规模层面，而是踏踏实实地付出，去发展自身的技术实力。我们注解当下，更展望未来。 我们虚心承认差距，更有自信昂首追赶。

从一个日常大家无时无刻不在接触的品牌或是产品入手，稍加深入思考，我们便可以发现独特的素材角度，还可以进行一下升华——从企业的创新之路到伟大祖国的创新崛起之路，用在国家时事类作文中是不是再合适不过呢？

以上具体分析了两个例子，展示了对热搜的分析方法。如果大家需要用到时事素材的话，学会这样的分析之后，大可从微博热搜中就地取材。建议大家平时多关注非娱乐八卦的热搜，多多按照这样的方法思考。

4 你看过这么多书，为什么还是写不好作文

为什么有些人虽然看了很多书，却还是写不好高考作文呢？此黑科技为你排忧解难来啦！其实，最重要的原因在于大家没能掌握万能的玩法。何谓万能呢？无论是构成文章的最基本单位之一的句子，还是进一步的文段，又或者是整篇文章，如果大家有意识地运用特定的法则将它们转化为自己的知识库，就可以轻松地让它们为己所用，在文章中大放光彩！要知道，同样的素材，在不同的人手里，经过不同的挖掘和运用，效果也是截然不同的。想让你素材库里的好句好段散发出平方级别的魅力吗？想让那些老生常谈的素材也令老师眼前一亮吗？想让那些读过的书都在考场上为你露脸提分吗？那就赶快跟紧我们的脚步，探秘这节的黑科技吧！我们这就一起来学习怎么把看过的句子、文段、文章都转化为万能素材，运用到自己的作文中去！

我们来看一个很常见的句子：

见残月萧索而悲怅，见花满热烈而欢欣，便是自然之心。

初读这个句子，你有什么感觉呢？我的感觉就是，这就像一句在微博上很常见的话一样，没有什么特别的，不会给人留下太深刻的印象。

但是，后来我发现我错了。这个句子大有可为。为什么呢？

如果我们有意要在高考作文中用到这个句子，大家都懂的，最基础的用法是直接引用：

有人说："见残月萧索而悲怅，见花满热烈而欢欣，便是自然之心。"

稍微高级点儿的用法呢？我们假设，遇到了一篇以"追求自然之心"为主题的文章，那么就可以把这句话提炼一下，"对月怅然，面花欢欣"，这个八字短语，便可成为标题。

好，接下来我们再进一步，还可以把它设为题记：见残月萧索而悲怅，见花满热烈而欢欣，便是自然之心。

还可以把它作为一个小的点睛之笔化用在一个段落中：

保持一颗自然的心，能让我们在世俗纷杂中静心思考，能让我们在金迷纸醉里活得明白。保持一颗自然的心，是范仲淹面对官场黑暗时"不以物喜，不以己悲"的思考，是苏轼彻悟人生哲理"竹杖芒鞋轻胜马，谁怕，一蓑烟雨任平生"的感慨，也是坂口安吾以不羁的双眼注视着战败的日本后"悲伤也好，痛苦也好，都是人生之花"的细细思索。面花欢欣，对月怅然，越是身处物欲横流的时代，越是面对靡靡奢华的诱惑，越是经历时间的历练，越是要保持一颗自然的心。

就这么简单吗？当然不是。我们更上一层楼，让它成为我们的中心论点：

追求自然之心，便是对月而惆怅，面花而微笑。

还没完，接下来，我们再让它贯穿我们的分论点。首先看看最"烂俗"的并列式，见右侧栏目。

> 分论点1：XXX追求自然之心，看，那是月下的他，正触此情景而惆怅。
>
> 分论点2：XXX追求自然之心，看，那是花前的她，正因花绽放而微笑。

这样的分论点有什么好处呢？

基本上，古今中外，只要是个名人，性别为男，都可以往分论点1中放——因为每个人都看过月亮啊！如果你不知道其他人，苏轼总知道吧？《赤壁赋》总背过吧？（当然，把这本书的黑科技都学完后，保证你可以不用再写苏轼、李白这类人尽皆知的文豪了。）我们再扯远点、扯夸张点，丘吉尔，二战时期的英国首相，看起来跟这个主题能搭边吗？好像不能。但是，首先，丘吉尔肯定对月怅然过。其次，让世界上千千万万的民众摆脱纳粹统治的阴霾，让世界回归和平的秩序，让所有人追求安定自然，不就是为所有人追求自然之心吗？当然，这里只是举一个夸张的例子，后续部分有很多素材供大家选择，丘吉尔这个例子还是偏了许多，容易被判为离题。大家学完整本书的黑科技后，大概最基础的也可以写出梭罗、海涅、川端康成这类人物了。

同样的道理，古今中外，只要是个名人，性别为女，就可以往分论点2中放。比如说获得过诺贝尔文学奖的诗人辛波斯卡，还有英国著名女作家伍尔芙、"勃朗特三姐妹"等。

如果你觉得并列式过于滥俗（实际上并不，并列式可以玩出很多花样。卖个关子，往后学习黑科技），那不妨试一下更高阶的层进式吧。这里，我们用层进式中"是—为—怎"的思维逻辑来练练手，见下方栏目。

> 分论点1：追求自然之心，是那份对月怅然、面花微笑的坦然。（是什么）
>
> 分论点2：对月怅然、面花微笑，让人能够以平常心面对一切人间疾苦。（为什么）
>
> 分论点3：那就在任何失意或快乐的时刻，想起那明月和那些花儿吧。（怎么办）

当然，这里的分论点只是为了给大家举例子、讲方法，在实际写作过程中可以更加有逻辑和条理，并且让语言更加优美。具体操作作为大家的"课后作业"，结合本书之后的黑科技去把它完善吧。

这三个分论点，实际上任何人都能往上套，比如说分论点1写梭罗，分论点2写海涅，分论点3写辛波斯卡。又有哪个名人没体会过人间疾苦呢?

好了，下面就到这个句子的终极用法了——综合以上各个部分，将这个句子贯穿全文。不论是标题、题记、中心论点还是分论点，都可以用，所谓万能就是这个意思。

仰望星空，豁然开朗。这样的距离刚刚好，不多不少，不远不近。

于心中，天涯比邻，伸手可摘；于远方，浩渺无垠，尚有可期。不必执着地追求，亦无须慌乱地逃离。

恰如其分，不疾不徐，不骄不躁。

来来去去的偶然、必然，一时落寞，一时热闹，像极了不述离殇的三千场梦。

虽如梦，却终归不能视而不见，正因身在此中。身在此中，此中有牵丝，不在千里外。

风景看多了，想看人；人看多了，又怀念风景。

冬日的雪，解不了盛夏的渴，却温了红泥炉上的酒，成了炉心亭外的风景。

世间之人事，何来有用，何来无用？不过是此一时，彼一时。

变幻莫测的从来不只人心，更是境遇。

识乾坤之大，怜草木之青。己所不欲，勿施于人。

给世间十万大山，留自己一间空亭。与自己独处，与世间相处。走得了花开荼靡的街市，耐得住异乡异客的孤独。不冷漠，不依附。

我们都需要一个平衡，咫尺之外，方圆之间。

（摘自沈然：《拒人于咫尺之外》）

该到文段了，我们只需要对文段进行拆解——把利用句子的思维转移到利用文段中的句子即可。鉴于文段中的句子很多，也并非每个句子都能引发我们的思考、都能为我们的思维所用，我们就来看看哪些能拆解出来用。

首先是题目“拒人于咫尺之外”。“咫尺之外，方圆之间”，可以留心一下，如果有论证主题是有关“人与人之间的距离”“与自己独处”“心灵的平衡”之类的议论文，就可以用这个作题目。题目一起，文章瞬间高级了不少。

其次，像例子中的化用散文、诗歌、歌词的美文，运用起来自然是相当方便。“仰望星空，豁然开朗。这样的距离刚刚好，不多不少，不远不近”，这样诗意化而富有哲理性的美句，既可以用在开头引出中心论点，又可以放在中间段落用于论证，还可以放在结尾呼应全文。就拿结尾来说，“仰望星空，豁然开朗。这样的距离刚刚好，不多不少，不远不近。我们都需要这样一个平衡，在世俗的纷纷扰扰之中，留有一份属于自己的心灵净土。所以，请保持好适当的距离，在咫尺在外，在方圆之间”，如果这样写，是不是很炫酷呢?

当然，以上只是举一些小小的例子，每个人的思维方式不尽相同，对各个句子的感觉也会有所不同，你可以去挖掘更多写法。

接下来就说到更加复杂的、由文段构成的文章了。文章的玩法就更多样啦！同时，为了防止让大家因为前面两个文艺的例子走进单一的文艺旋涡，这里我们用一个新时代中国特色社会主义思想的理论特色方面的例子。

一是坚守真理、传承文明的继承性。习近平新时代中国特色社会主义思想没有丢掉“老祖宗”，始终坚持马克思主义立场观点方法，处处闪耀着马克思主义真理光辉，特别是在许多重大原则问题上旗帜鲜明地坚持和捍卫马克思主义，理直气壮地驳斥各种奇谈怪论。这一思想继承和吸收中华民族优秀传统文化，蕴含着丰富的中华民族价值共识、精神追求、政治智慧、历史经验。这一思想充分吸收人类文明有益成果，积极借鉴别国治国理政经验，展现出宽广的视野和博大的胸怀。

二是与时俱进、引领未来的创新性。习近平新时代中国特色社会主义思想以我们正在做的事情为中心，直面前进道路上的各种困难和矛盾、风险和挑战，着力探索破解难题、推进事业发展的新理念、新思想、新战略，讲了许多老祖宗没有讲过的新话，具有强烈的时代气息和现实针对性。这一思想洞察时代风云，把握时代大势，站在人类发展前沿引领时代潮流，积极探索关系人类前途命运的重大问题，为应对当今世界面临的全球性挑战、解决人类面临的共性问题贡献了中国智慧和中国方案。

三是不忘初心、践行宗旨的人民性。习近平新时代中国特色社会主义思想坚持人民主体地位，尊重人民首创精神，注重从人民群众中汲取智慧和力量，时刻关注人民群众的喜怒哀乐，体现了亲民、爱民、忧民、为民的真挚情怀。这一思想坚持把人民对美好生活的向往作为奋斗目标，把让老百姓过上好日子作为全部工作的出发点和落脚点，始终为人民代言，为人民立言，充分体现了立党为公、执政为民的执政理念，体现了为中国人民谋幸福、为中华民族谋复兴的使命担当，体现了人民至上的价值追求。

四是实事求是、把握规律的科学性。习近平新时代中国特色社会主义思想立足社会主义初级阶段这个最大实际，准确把握我国发展的阶段性特征和我国社会主要矛盾的新变化，坚持一切从实际出发，勇于破除一切不合时宜的思想观念和体制机制弊端。这一思想积极探索规律，自觉遵循规律，按照客观规律要求谋划事业发展，正确处理尊重客观规律与发挥主观能动性的关系，使我们党对共产党执政规律、社会主义建设规律、人类社会发展规律的认识达到了新的高度。

看了这几段话有什么感觉呢？是不是感到生涩难懂并且难记呢？别怕！万能解法来啦！

写议论文没话说？写不出看似很有道理的论证？看看人家写的文章——这定义概念特点总结的，赶紧背啊！有人说不会用，那你看我给你演练。

2000年　农历庚辰龙年，人类迈进新千年，中国千万“世纪宝宝”出生。

2008年　汶川大地震。北京奥运会。

2013年　“天宫一号”首次太空授课。

公路“村村通”接近完成；“精准扶贫”启动。

2017年　中国网民规模达7.72亿，互联网普及率超全球平均水平。

2018年　“世纪宝宝”一代长大成人。

…………

2020年　全面建成小康社会。

2035年　基本实现社会主义现代化。

一代人有一代人的际遇和机缘、使命和挑战。你们与新世纪的中国一路同行、成长，和中国的新时代一起追梦、圆梦。以上材料触发了你怎样的联想和思考？请据此写一篇文章，想象将它装进“时光瓶”，留待2035年开启，给那时的18岁的一代人阅读。

要求：选好角度，确定立意，明确文体，自拟标题，不要套作，不得抄袭，不得泄露个人信息；不少于800字。（2018年全国卷Ⅰ）

比如说，我要写的是结合“世纪宝宝”的成长，在新世纪的中国，新时代的追梦、圆梦，以及中国崛起富强的重任落在青年身上，即“祖国成长，青年担当”的主题。（以下可以写成一段，也可以分几段写，看你怎么安排行文。这里只做展示。）

作为新一代的青年人，我们肩负着祖国交给我们的重任。

我们不仅要坚守真理、传承文明……

我们更要与时俱进、引领未来……

同时，我们要牢记自己的使命，不忘初心、践行宗旨……

实事求是、把握规律，也是我们需要做的……

当然，我们可不能干说道理——高中生说道理没有说服力啊。但是，我们可以举例子！谁坚守了真理，谁传承了文明，名人的例子数不胜数吧？比如：

梨园喧嚣，锣鼓齐天，光怪陆离的面孔在百年岁月间染遍了无数或光鲜或寥落的心绪。他，轻移脚步，曼转身形，只需一漾眼波流转，便带走世间刹那芳华。是他，将舞台上的梅魂芳影留在戏中戏外，把一个命运与时代交戈的悲喜传奇绵延到如今："中国戏剧有几千年的历史，不过中途经过好些变迁，遗失得太多。现在我把知道的这些贡献给大家，将来能让中国戏剧在世界艺术中占有一个优胜的位置是我最盼望的。"

梅兰芳，他的眼神从来都是如此温婉淡和，却又不失坚定和勇气。那清嗓一鸣，梨花带雨，述说了一个时代的哀愁；那水袖轻抖，莞尔一笑，挺起了一个民族的脊梁。人们直到今天，仍然无法忘记，在那老北京的梨园戏台之上，有一个七尺男儿，借青衣之口，唱出了一个民族的最强音。

这一语段，是不是可以重组改写？比如，王国维先生是如何传承文明的？重组改写人物的任务就交给你啦！

谁与时俱进了，谁引领未来了……记得，套人物进去，套人物进去！

这样写，你还怕写不出话来吗？

黑科技解密 1

近几年常考的国家时事类作文原来用这俩套路就可以出彩呀

黑科技解密 2

高考作文就只考这三大类哦！另外两类题目套路在这里

黑科技解密 3

嘘！再也不出错的审题公式在这里

黑科技解密 4

不知道吧，一个优秀的立意奠定作文50分的基础哦

学长说说说

Q 学长，“PART 01”说到高考作文的母题，还说到作文题的万能公式，真的可以运用到所有作文题中吗？万一高考再次推陈出新怎么办？

A 当然可以啦！实际上，高考不管怎么推陈出新，对于作文题来说，无非三类：一类是国家时事类，一类是社会话题类，最后便是新材料作文。对于三种不同的作文题，也会有各自最好用的套路，在“PART 02”的黑科技解密1和2中就会讲到哦！

Q 那我就放心多啦！还有，我有好几次因为作文审错题，最后只得了30分左右，对于这种现象有没有什么解决方法呢？

A 当然啦！这就是“PART 02”的重点之二了！审题就像写全篇作文一样，有它的公式和原则哦，相信好好学了“PART 02”的黑科技解密3你就会知道啦！

Q 学长，还有一个很大的问题，就是我写作文时老是写到中途会卡壳，并且找不到合适的素材例子，只能干说大道理，这种情况怎么办呢？

A 这种情况呀，首先是素材积累的问题。关于素材积累，之后我们会单独成章分享。其次，肯定跟一开始的立意还有行文逻辑套路的基调奠定有关。就像地基不好，之后都白费一样。所以，遵循特定的行文套路，再在立意上遵循特定的原则，也能从很大程度上解决这个问题呢！这也是“PART 02”重点之三。

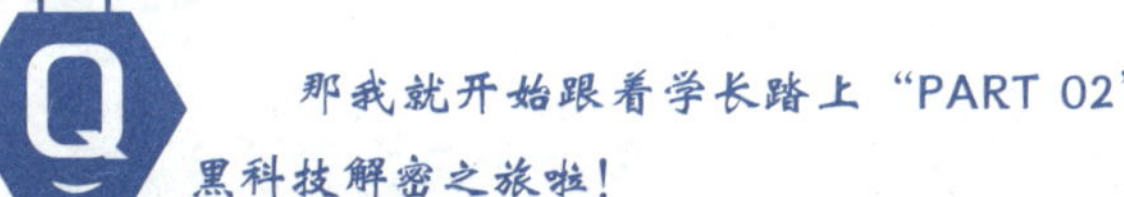

Q 那我就开始跟着学长踏上“PART 02”黑科技解密之旅啦！

A 嗯，还要注意的一件事是要记得学以致用。不管是从“PART 01”或是“PART 02”，又或者从后文学到的黑科技方法，一定要强迫自己在面对一道作文题的时候运用这些方法去思考。当然，建议大家在平时多随机找些高考旧题来构思，写出逻辑框架，并且尝试写写语段，最后争取每周抽40分钟练一下全篇写作，而不是到考试才临阵磨枪，因为发现方法是一回事，熟练运用方法是另一回事。

1 近几年常考的国家时事类作文原来用这俩套路就可以出彩呀

三种类型的文题——国家时事类、社会话题类和新材料作文，有其一以贯之的四大环节公式在内，当然，也可以有不同的行文逻辑倾向（也就是我们所说的写作套路）。接下来，我们就开始学习不同文题的常见套路吧！在开始给大家分享审题立意黑科技前，于黑科技解密1中，我们首先学习大家最怕的国家时事类套路。社会话题类作文也有其特定套路，我们在黑科技解密2中会重点分享。而传统的新材料型作文的套路千千万，我们在黑科技解密2、3、4中会贯穿相应方法。

经典套路 以小见大法构成行文逻辑

典型例题

今年是我国恢复高考40周年。40年来，高考为国选才，推动了教育改革与社会进步，取得了举世瞩目的成就。40年来，高考激扬梦想，凝聚着几代青年的集体记忆与个人情感，饱含着无数家庭的泪珠汗水与笑语欢声。想当年，1977年的高考标志着一个时代的拐点。看今天，你正与全国千万考生一起奋战在2017年的高考考场上……

请以“我看高考”或“我的高考”为副标题，写一篇文章。要求选好角度，确定立意；明确文体，自拟标题；不要套作，不得抄袭；不少于800字。（2017年全国卷Ⅲ）

思路点拨

这里要提到的第一个重要方法便是：抓关键词。看完这道题以后，在你脑海之中闪现的关键词是什么呢？无疑是“高考”和“我”。另外，材料还多次强调了一个时间范畴“40年”。那么，我们就应该以它们为核心内容来展开写作。这道题在理解材料内容和挖掘材料的关键词上基本没有难度。

读题之后，便是具体行文逻辑的展开。作为热身，这里就不卖关子，直接给大家展示一种国家时事类文章的典型思路——以小见大。

“以小见大”这一写作方向的基本要领是“大处着眼，小处入手”。比如，我们选择从个人到社会再到国家的角度层层递进，就可以通过个人生活的具体细节，体现21世纪以来国家的巨大变化。

从小处入手，我们可以写到高考激扬梦想，凝聚着几代青年的集体记忆与个人情感，再到聚焦个人经验，表达对高考的独特体会和理解，呈现他们的酸甜苦辣，尤其是勤学奋进中的豪迈之情。

从大处着眼，我们可以写到高考为国选才——高考在社会国家层面帮助选拔优秀人才，为推动社会发展和祖国富强贡献了力量。

先从个人的角度入手，以个人的视角对自己的高考经历或憧憬进行筛选整合，传达出“我”之于高考的生活过往与内心期许；或者以过去考生的视角来看待高考。再过渡到社会国家甚至时代的角度，展现高考对于社会进步的推动价值、对于社会公平的建设意义、对于个人提升的引领作用。最后总结对高考的观点看法，回归主题。这样一来，我们便能够勾勒出整篇文章的结构了。

君见高考，育中华栋梁

——我看高考

一考生

四十年光阴，世界还是那个世界，但中国早已不再是那个中国。四十年前的今天，第一批恢复高考后的学子昂首挺胸，意气风发地走进校园，以知识成就人生，以知识改造祖国。“埋在地下的种子产生果实，却并不要求什么报酬”，正是这一代坚韧肯干的知识分子，为中国屹立在世界之林贡献了一份不可或缺的力量。

“知识是珍贵宝石的结晶”，唯知识改变人生命运，而高考，为我们搭建了一座通向更高知识大厦的桥梁。只有努力地吸收知识的甘露，才能在高考中脱颖而出，实现抱负。（从小处入手，从个人的角度，思考高考的作用和应当如何应对高考。）

孙敬悬梁刺股，匡衡凿壁偷光，不分昼夜，寒窗苦读；迟子建赴日见国耻，愤怒之下创作，为祖国争一口气；林庚自小为祖国而学习，在抗战时不畏生命危险，积极团结中国人。看古今文人志士，凡有所成者，无一不靠青年时的努力。卡夫卡曾言：“书是用来凿破人们心中冰封海洋的一把斧子。”我们赶上好时代，更应在青春时期奋发向上，尽情在知识的海洋中畅游，借高考实现自己的梦想。

北岛曾言：“只要心在跳动，就有血的潮汐。”高考这一选拔人才的模式，为中国的发展注入了新鲜的、涌动着的血液。（从大处着眼，高考为中国发展输送了创新力量。）

君可见大疆创始人汪滔，青年时勤学苦读，成功进入顶尖学府，汲取前沿知识，最终用知识、创新打开了中国无人机的大门，使大疆成为真正走出国门、举世瞩目的创新企业。顾城曾言：“我相信，那一切都是种子，只有经过埋葬，才有生机。”高考，是种子肥沃的土壤，给予每一个中国青年开花结果的机会，为中华民族的伟大复兴贡献力量。虽然道路并不平坦，会经历千军万马过独木桥的残酷竞争，但我们相信，一切付出都会有收获。

“我永远得不到足够的热量，所以我燃烧”，高考结束并不意味着一个人的学习生涯结束，学习是一个人终生都应该坚持不懈去做的事。结束高考的我们，更应摈去“光环”，踏实向前。（由小到大，从终身学习的角度说明高考后我们应当如何做，这对个人和国家分别有什么重要意义。）

看中国天眼之父南仁东，几十年如一日投身于天眼的制作，坚持学习、坚持创新，终建设出世界上最大的单口径天文望远镜；看中国数学大家吴文俊，即使无数光环加身，却一生只为数学，对数学发展做出不可磨灭的贡献。如泰戈尔所言：“名誉是生命之流中的泡沫。”他们一生学习，却从不追逐名利。我们应如他们一样，终身学习，用知识提升自我，用知识为祖国贡献一份力量。

“至少我要成全我自己”，高考或许不能让我们直接为国家做出惊人的贡献，但一定能让我们为自己的人生交出一份满意的答卷，一定能让祖国的未来因为知识、因为创新更加光明。或许目前的高考选拔制度并不完美，但它一定是世界上最公平公正的选拔方式。希望我们都能为自己、为祖国交上一份满意的答卷。

君可见高考，育中华栋梁。

经典套路 从古到今法构成行文逻辑

典型例题

阅读下面的材料，根据要求写作。

2000年 农历庚辰龙年，人类迈进新千年，中国千万“世纪宝宝”出生。

2008年 汶川大地震。北京奥运会。

2013年 “天宫一号”首次太空授课。

公路“村村通”接近完成；“精准扶贫”启动。

2017年 中国网民规模达7.72亿，互联网普及率超全球平均水平。

2018年 “世纪宝宝”一代长大成人。

…………

2020年 全面建成小康社会。

2035年 基本实现社会主义现代化。

一代人有一代人的际遇和机缘、使命和挑战。你们与新世纪的中国一路同行、成长，和中国的新时代一起追梦、圆梦。以上材料触发了你怎样的联想和思考?请据此写一篇文章，想象将它装进“时光瓶”，留待2035年开启，给那时的18岁的一代人阅读。

要求：选好角度，确定立意，明确文体，自拟标题，不要套作，不得抄袭，不得泄露个人信息；不少于800字。（2018年全国卷Ⅰ）

思路点拨

这则材料的类型无疑是国家时事类型。从总体上来说，国家时事类型基本没有理解上的障碍和困难。这则材料主要展示的是一系列有关国家形象或国家发展走向的事件。那么，我们需要做的是什么呢?

我们需要根据这些材料，表达我们对这些事件的感悟看法，凸显我们的价值观念。比如这篇作文立意内容，就可以围绕这些从材料中抽象出的词语来写：中国梦、新时代青年的使命与担当、实现中华民族的伟大复兴、时代的呼唤、青年人的人生际遇、中国的辉煌发展、青年的成长、祖国的富强、国家的发展、民族的复兴、社会主义核心价值观等。

根据材料中所列举的“世纪宝宝”的出生和成人、国家的一系列成就，很容易想到立意。

比如，我们可以从“由古到今”的角度入手。写今昔对比，可以先写曾经的不发达、贫困，然后写中国人民通过努力发展逐渐实现了今天的繁荣富强，从而凸显在由古到今的发展变化中、在时代的变迁之下，青年们的重要使命、责任担当。最后，可以对青年一辈进行鼓励和号召，显示出青年的爱国热忱等品质。

以梦想为伴，与时代同行
——致十八岁的青年们

一考生

青年们，当你们读到这篇文章时，我想它也已经十八岁了。十八年间，时代发生了怎样的变化，现在的我还不得而知。但我想，正如五千年风霜未曾磨灭中华民族浸润在骨子里的精神，时代的变迁也一定会留下永恒的真理。于是，深深地凝望我们这个时代，那真理在我脑海中逐渐清晰：以梦想为伴，与时代同行。

我们的时代，是一个痛苦与欢乐并存的时代。我们的一个梦想，叫作前行。2008年，当突如其来的汶川大地震吞噬了无数的生命时，我们默哀生命的消亡，也懂得了在灾难过后去负重前行。也是那一年，北京奥运会上，中国健儿们的成绩令世界瞩目，51枚金牌，43项世界纪录，向世界展示了中华民族的坚毅与刚强。这就是我们的时代——一个历经磨难但砥砺前行的时代。（2008年的我国事例）

我们的时代，是一个国计与民生共举的时代。我们的一个梦想，叫作发展。2013年，“天宫一号”在太空开启了首次太空授课，全国的青少年第一次在电视前领略了太空的神奇。无疑，是中国科技的发展创造了这样的机会。同一年，公路“村村通”工程接近完成。面对自己家门前风沙飞扬的黄土路变成了干干净净的水泥路，村民们不仅看到了自己村庄发展的希望，也深切地体会到了国家的力量。这也是我们的时代——一个国计民生同步发展的时代。（2013年的我国事例）

我们的时代，是一个过去与未来交织的时代。我们的一个梦想，叫作富强。从2013年开始的“精准扶贫”，让中国成为世界上每年脱贫人数最多的国家，无数外国官员前往中国乡村学脱贫经验。过去积贫积弱的中国，正成为无数国家脱贫事业的典范。2017年，在中国“互联网+”战略的推动下，中国的互联网事业发展迅速，互联网普及率超全球平均水平，更由此促进了一系列行业的发展，未来中国的发展格局正在逐渐形成。这更是我们的时代——一个承前启后、跨向富强的时代。（2017年的我国事例。2008—2017年，“从古到今”的逻辑构成三个分论点。）

二百多年前，面对工业革命后的英国，狄更斯写道：“这是最好的时代，也是最坏的时代。”青年们，你们与我，虽然身处于两个不同的时代，但我想，它们都是最好的时代。因为，这，是中国的时代。

“每一代人有每一代人的长征路，每一代人都要走好自己的长征路。”青年们，当你们看到这封信时，我们的时代已经结束，你们的时代刚刚开始，愿你们以梦想为伴，与时代同行，让中国的时代永不落幕。

以上“以小见大”和“从古到今”的逻辑，基本可以贯穿所有国家时事类作文。并且，有了这样的行文逻辑，就再也不怕没话写了，因为只需要拿起对应主体或是年份素材往上套就可以了。

高考作文就只考这三大类哦！另外两类题目套路在这里

上一节的黑科技里，我们重点介绍了国家时事类作文的两大逻辑套路——以小见大法和从古到今法。大家在日常写作中不妨多多做这样特定的逻辑思路训练，毕竟，有了方向，套素材就简单多了，也就不会出现毫无逻辑东拼西凑和空谈大道理的情况了！我们之前也说过，常考的作文类型，除了国家时事类，还有社会话题类及新材料作文。其中，写好社会话题类需要多关注社会热点，扩大我们的信息触角，尽量多去浏览不同的观点；新材料作文一度是考场作文的主流，写好这类作文的重要性不言而喻。那么，闲话少叙，在黑科技解密2中，我们就继续学习剩余两种作文题的一些套路吧，这样一来，我们就将它们一网打尽啦。

逻辑套路 社会话题类作文

社会话题也可以说是社会热点，即比较受广大群众关注的新闻或者信息，或指某时期引人注目的事件或问题。社会话题类作文的关键是能否透过现象看本质，能否将材料中给的社会热点事件划归我们所熟悉的区间内进行写作。

这类作文需要注意的关键点在于“就事论事”。材料给的事件就是我们写作的中心，文章的大部分内容都要根据事件来展开。当然，如果在文章的结尾用一小段文字对主题进行升华，还可以起到画龙点睛的效果，但要注意把握尺度，不要弄巧成拙哦！

同样，来看例子。

典型例题

阅读下面的材料，根据要求写作。

2010年9月12日，北京一家体育彩票专卖店的业主为某彩民垫资购买了一张1 024元的复式足球彩票。第二天，他得知这张彩票中了533万元大奖，在第一时间给购买者打电话，并把中奖彩票交给买主。他成为又一位彩票销售“最诚信的业主”。

有人据此在互联网上设计了一项调查：“假如你垫资代买的中了500万元大奖的彩票在你手里，你怎么做？”调查引来16万人次的点击，结果显示，有29.9%的人选择“通过协商协议两家对半分”，有28.1%的人选择“把500万元留给自己”，有22.1%的人选择“把500万元给对方”，还有19.9%的人没做选择。

要求选好角度，确定立意，明确文体，自拟标题；不要脱离材料内容及含义的范围作文，不要套作，不得抄袭。（2011年全国卷Ⅱ）

思路点拨

首先，我们需要抓住关键词“诚信”。接下来的套路也很简单：由题目材料中的现象引入，以诚信为核心，展开议论文写作。

这里就小小展示一下“由现象到本质”的方向吧。

先由题目中所给的材料入手，对材料中的现象进行描写和深入剖析。材料中的现象是，业主为某彩民垫资购买了一张1 024元的复式足球彩票，在得知中奖之后第一时间给购买者打电话。进而，进行对该现象的反思和追问，探求其背后的原因、意义，以及这样的现象反映了什么社会状况和社会问题。角度可以是个人、企业、社会、国家等方面。最后，直戳该材料的核心内容——诚信，深化主题观点，总结全文。

诚信之种，和谐之风

—考生

“君子养心，莫善于诚”，儒家思想的集大成者荀子如此说道。“没有诚信，何来尊严？”古罗马著名哲学家西塞罗这样训诫着后人。可见古往今来，诚信从来都是仁人志士所推崇的高尚品质。而它，绝不只是我们每个人应坚守的原则，更是这个社会得以和谐美好的必要元素。

可当为他人垫资代买彩票，中大奖后把钱归还原主这件天经地义的事成为人们讨论的焦点时，当调查结果显示仅有五分之一的人选择把钱归还原主时，我们不得不承认：在这个时代，诚信，正面临着巨大的危机。那么，究竟为何这个我们人人推崇的美好品质没能“跟上”这个高速发展的时代？（由题目中的材料引发思考。）

我想，一个最重要的原因，便是随着市场经济的飞速发展，我们国家的社会经济文化逐渐趋于商品化与国际化。人们对金钱的“痴迷”达到了未曾有过的高度。在利益面前，越来越多的人经受不住诱惑，选择站在诚信的对立面。正如那从天而降的五百万大馅饼，捕获了多少选择将其占为己有的人。金钱背后隐藏的，是人们的虚荣心、人性的脆弱面。

而提起利益与失信，又不禁让我想起近几年大家热议与厌恶的“碰瓷党”。他们不惜以自己的人身安全做威胁，去骗取受害人的财产，换取自己的利益。可更令人悲痛的，不只是他们自己辜负了“诚信”二字，而且是这种做法严重影响了人与人之间的信任，让这个社会频频陷入信任危机。正因他们一步步吞噬人与人之间的信任，才有“扶不扶”问题的进一步恶化。“碰瓷党”和“扶不扶”只是一面镜子，它折射出的是个人诚信缺失导致社会陷入恶性循环的现象。（从金钱诱惑与信任的恶性循环角度论述诚信面临危机的原因。）

金钱的巨大诱惑加上社会信任危机的推波助澜，还能有多少人可以毫不犹豫地站在诚信这一面？我坚信，是有的，并且仍占社会的多数。尽管一些不诚信的现象难以避免，但整体的社会环境是积极向上的。因为归根结底，诚信考验的还是人们对自身行为的约束力。而我们骨子里流淌着中华民族的血液，我们内心渴望着弘扬中华民族的传统美德，我们对这个社会仍然抱有信心。所以，我们能看到国家一直大力提倡弘扬传统美德、贯彻社会主义核心价值观。而诚信，从来都被放在重要的位置。（最终点明诚信的本质要回归个人，并升华到了民族精神与价值观层面。）

蒙田曾说：“淳朴与真诚在任何时代总是合时宜的。”在这个利益诱惑增多、人与人之间的信任遭到挑战的时代，考验的是我们所有人的意念，也是整个社会的齐心。唯有每个人都种下自己那颗诚信的种子，这个社会才会在诚信的森林里健康发展!

遵循特定行文逻辑，老师再也不怕我写文章憋不出话啦！并且，有没有发现，比起千篇一律地列举三个并列式的关于诚信的事例说明诚信的重要性，这种由现象到本质的写法会比一般的写法更吸引阅卷者的眼球呢？不仅思维提升了一个层次，可写的素材也多样化了，一箭双雕，想不得高分都难呀！

逻辑套路 传统型新材料作文

传统型新材料作文，即根据所给材料和要求来写文章的一种作文形式。材料所反映的中心就是文章中心的来源，不能脱离材料所揭示的中心来写作。一般来说，材料作文由材料和要求两部分组成。材料按形式分，有记叙式材料（故事、寓言等）、引语式材料和图画式材料。

之所以叫“传统型”，是因为这类作文在日常写作训练中露脸的机会特别多，在2016年、2015年及之前高考中出现的频率很高，近两年也会偶尔出现。

典型例题

历经几年实验，小羽在传统工艺的基础上推陈出新，研发出一种新式花茶并获得专利。可是，批量生产不久，大量假冒伪劣产品就充斥市场。小羽意识到，与其眼看着刚兴起的产业这么快就走向衰败，不如带领大家一起先把市场做规范。于是，她将工艺流程公之于众，还牵头拟定了地方标准，由当地政府有关部门发布推行。这些努力逐渐见效，新式花茶产业规模越来越大。小羽则集中精力率领团队不断创新，最终成为众望所归的致富带头人。

要求：综合材料内容及含义，选好角度，确定立意，明确文体，自拟标题；不要套作，不得抄袭。（2016年全国卷Ⅲ）

思路点拨

读完材料，我们知道了什么？小羽是个成功的创业者，她的经历给人们提供了一种成功创业的范式。那么，我们不禁会问：小羽成功主要靠的是什么？这是我们审题立意的出发点。从材料看，小羽本来是靠创新获得专利的。面对恶性竞争，小羽做出了超出常规的举动：将工艺流程公之于众，带领大家将市场做规范。在这些努力逐渐见效后，小羽集中精力率领团队不断创新，最终成为众望所归的致富带头人。由此，我们可以看出小羽的成功来自多个方面，创新、变通、分享、规则等都是我们写作的切入点。

在明确这些以后，我们就可以抓住其中的一个方面作为立意对象来写，比如，抓住“创新”这一点来写。也可以统筹兼顾，以“创新”为主，兼顾“规则”“分享”等。只要切中材料，言之有理，论之有据，都能成就一篇佳作。

天地人和，成功创业新模式

一考生

从小羽在科技兴国的大环境下，凭借聪明才智，依靠传统工艺研发出新式花茶的情况分析，创业依赖于诸多复杂因素的交织。

托尔斯泰有言：“幸福的家庭都是相似的；不幸的家庭各有各的不幸。”成功创业与幸福家庭一样，其大体模式，即中华国学经典所言的“天地人和”。

这里所说的“天地人和”，指的是创业成功者背后交织的时机天赋（天）、环境资源（地）、人际关系（人）三大因素。

在国家为我们大胆创新创业提供诸多机会，使我们人尽其才、才尽其用的大环境下，个人天赋是最关键的一环。

在市场竞争中，一个创业者需要有执着、坚韧、激情和敏锐的品质，才可能走向成功。这些品质，除了后天的学习、实践及个人造化以外，大部分源自与生俱来的天赋秉性。

当然，并非所有执着、坚韧、激情和敏锐品质的创业者都会成功。事实证明，那些雄心勃勃、才华超群的创业者铩羽而归的大有人在。因为，一个具备创业成功潜质的人还需具备人际关系和胸怀天下、与人分享两个要素。

人际关系对创业成功至关重要。锤子科技创始人罗永浩创业时，既无智能手机生产营销资源，也无技术资源，但他依赖积累的人际关系，成功地获得了这些资源。比尔·盖茨创业收获的第一份订单，不是来自他母亲IBM董事吗？

人际关系中，创业者对自身团队的领导艺术和号召能力、与合作伙伴及政府部门的良性关系也不可小视。小羽运筹帷幄，面对产业走向衰败时，不是也率领她的团队不断创新，依靠有关部门推行她的标准吗？

恩格斯说过，当一个人专为自己打算的时候，他追求幸福的欲望只有在非常罕见的情况下才能得到满足。可见，创业者胸怀天下，与人分享，多么重要啊！

袁隆平的“杂交水稻”分享给了世界，世界也成就了袁隆平；小羽的工艺流程分享于民众，民众也成就了小羽。

而如今，多少传统文化因不愿外传面临没落，多少企业死守秘方败于恶性竞争！难怪托马斯·特朗斯特罗姆在黑暗中沉思，希望从现实唤醒人们吝啬于分享的灵魂。

这就是我利用中华国学精髓——“天地人和”的哲思，探究小羽创业成功的结果，与大家分享，希望有益于创业者的兴国之梦。

嘘！
再也不出错的审题公式在这里

在近几年的高考中，绝大部分作文题都是以材料的形式展开的，因此，正确地审题、读懂材料也就成了拿下高分的第一步。虽说大多数考题的审题难度并不大，但是我们也要知道，每年因为审题失误而迈错“第一步”的同学绝对不在少数！也许在有的同学看来，审题就是对材料进行“阅读理解”，并没有特定的方法。事情当然没有这么简单。审题，即分析材料，也有其需要遵循的步骤，譬如分析的第一步，便是“分类”。所谓“知己知彼，百战不殆”，知道类别，便是知道了方向，知道了这一类作文的写作技巧和偏向。如此，之后的种种努力才不会白费。审题不仅有步骤，当然也有方法，翻开本节的黑科技，谜底马上揭开。

审题在写作中的重要性不言而喻："死亡37分"（高考作文审题出错分数必然在37分之下。对于大部分省份来说，37分是基准分，也就是你的审题方向没错、字数达到"800+"，就有这个基本分数了）出现的最大原因便是离题偏题。审题是写作文的第一步，也是最重要的一步。审题的准确度直接决定我们作文分数的起点，一旦把握不好，纵是"妙笔生花"也"无力回春"。这里，建议大家遵循以下步骤。

逻辑套路 搞定审题"有迹可循"

对高考作文主要考查的类型有了初步认识之后，接下来就可以顺畅地展开对审题具体步骤的学习啦。

典型例题

阅读下面的材料，根据要求写一篇不少于800字的文章。

当代风采人物评选活动已产生最后三名候选人。小李，笃学敏思，矢志创新，为破解生命科学之谜做出重大贡献，率领团队一举跻身于国际学术最前沿；老王，爱岗敬业，练就一手绝活，变普通技术为完美艺术，走出一条从职高生到焊接大师的"大国工匠"之路；小刘，酷爱摄影，跋山涉水捕捉世间美景，他的博客赢得网友一片赞叹："你带我们品味大千世界""你帮我们留住美丽乡愁"。

这三个人中，你认为谁更具风采？请综合材料内容及含义作文，体现你的思考权衡与选择。要求选好角度，确定立意，明确文体，自拟标题，不要套作，不得抄袭。（2016年全国卷Ⅲ）

思路点拨

审题的第一步：理清对象

有些材料可能会涉及两个甚至两个以上的对象，这几个对象之间如果无明显的主次之分，从理论上来说，每一个对象都可以提炼出至少一个观点。

阅读完材料以后，我们来想一想，这则材料内容中的关键人物或者关键词有哪些?

小李：笃学敏思，矢志创新，团队，学术最前沿。

老王：爱岗敬业，一手绝活，变普通技术为完美艺术，“大国工匠”。

小刘：酷爱摄影，跋山涉水，捕捉世间美景，赢得赞叹。

审题的第二步：分清主次

因为有些材料可能会涉及几个对象，但这几个对象并不是并列关系，其中有主次之分，所以，我们在审题时就应该分清主次，从主要对象入手进行分析，而不是次要对象，否则有可能出现偏题现象。

请大家思考：材料之中，小李、老王、小刘这三个人是主次关系还是并列关系?

很显然，他们是并列关系。“谁更具风采”“综合材料”“思考权衡”等题干关键词也提示我们，围绕其中一个人物来展开写作即可。我们要完成的任务是：选出其中一人，指出他们具有风采的原因。比如以下：

小李的“笃学敏思”个人品质、“矢志创新”与“团队合作”的精神、“破解生命科学之谜”“跻身于国际学术最前沿”的特殊贡献。

老王的“爱岗敬业”精神、“练就一手绝活，变普通技术为完美艺术”的努力进取品质、超越平凡成为大师的自信追求。

小刘的“酷爱”艺术的个性，“跋山涉水”的刻苦精神，发现美、创造美的贡献等。

审题的第三步：辨清关系

有些材料可能会涉及几个对象，而且这几个对象之间存在着一定的内在联系，审题时一定要辨析清楚这几个对象之间可能存在的关系。

进而继续思考：材料之中的这三个人物之间有什么内在联系呢？或者说，他们有什么共同特点呢？不难发现，材料中的三人都有立志、热爱、坚持、服务人民、贡献社会的可贵品格和精神。因此，无论选择谁，都不能否定另外两位候选人。我们要做的是“优中选优”，而不是“捧一踩二”。

审题的第四步：析清含义

有些时候，材料会运用比喻或通过蕴含哲理的寓言故事来表达思想。审题时，我们便应该认真分析，仔细揣摩，从而揭示出材料所蕴含的意义或道理，并以此作为立意的根据。

我们再来想一想这三个人各自代表的含义是什么，能否拓宽思路深入剖析其精神内涵、思想内核。

我们需要思考的是：为什么我们这个社会需要具有这样精神品格的人？为什么他们能成为这样的人？我们当代中学生怎样才能成为这样的人？要通过权衡比较，看他们当中的哪一种精神品格更是我们当代年轻人所必需的，哪一种精神品格更有助于矫正当代不良的社会风气，哪一种精神品格更能体现时代的精神风貌等。

最后，再总结一下“审题四部曲”：理清对象、分清主次、辨清关系和析清含义。

本例题立意参考

审题立意1.强国精神更具魅力

三人都具有立志、热爱、坚持、服务人民、贡献社会的可贵品格和精神。若问“谁更具风采”，我更欣赏抓科技以强国的小李，因为他具有“笃学敏思”的个人品质，具有“矢志创新”的进取精神，具有“率领团队”的合作意识，更难能可贵的是他做出了“破解生命科学之谜”“跻身于国际学术最前沿”的特殊贡献。在如今大国纷争如此激烈的时代，我认为一个国家国民的强国精神更具魅力。

审题立意2.爱岗敬业更具魅力

三人都具有立志、热爱、坚持、服务人民、贡献社会的可贵品格和精神。若问“谁更具风采”，我更欣赏崇敬业以立民的老王，因为他具有“爱岗敬业”的精神，具有精益求精、追求完美的品质，更难能可贵的是他具有超越平凡成为大师的自信追求。在如今绝大多数人热衷名利、心态浮躁的时代，我认为爱岗敬业的平民精神更具魅力。

审题立意3.艺术追求更具魅力

三人都具有立志、热爱、坚持、服务人民、贡献社会的可贵品格和精神。若问“谁更具风采”，我更欣赏爱文艺以美心的小刘，因为他具有“酷爱”艺术的个性，具有“跋山涉水”的刻苦精神，具有发现美、创造美的眼力，更难能可贵的是他能给我们留下美丽的人生品位。在如今这个人们热衷于物质追求的时代，我认为崇尚独特的艺术追求更具魅力。

审题黑科技

亮点内容即将登场，集中精神呀！

审题方法一 提炼中心

提炼中心，就是对题目中的每一个字、每一个词的含义及其相互之间的关系进行认真的推敲、揣摩、辨析，然后综合起来，从总体上把握文章的内容。写材料作文时，如果能准确提炼出材料的中心，并在此基础上确定文章的主旨，一定会使得文章切题又有深度。通过对材料的分析概括、提炼加工而推导出材料的中心思想的能力十分重要，在进行作文写作时首先要明确作文想要表达的中心思想和中心内容，进而才能够写出表意正确的文章。

简单来说，要从材料之中抽离出几个要素：人物（事物）+事件+结果。

案例

阅读下面的材料，提炼材料的中心观点。

关于二战期间的战斗机防护，多数人认为，应该在机身中弹多的地方加强防护。但有一位专家认为，应该注意防护弹痕少的地方，如果这部分受重创，后果会非常严重，而往往这部分数据会被忽略。事实证明，专家是正确的。

【解析】阅读完以上材料，该如何用简洁的语言概括出这则材料的内容呢？简单来说，就是缩句。材料之中对于同一个问题，多数人和这位专家有着截然不同的看法。而立意可以围绕多数人看到的表象和那位专家看到的核心展开。

【答案】在如何提升飞机防护性能的问题上，普通人和专家有着不同的观点。普通人认为，应该在中弹多的地方进行防护；而专家认为，应该在中弹少的地方进行防护。

审题方法二 抓关键句

关键句常常有暗示材料中心的作用。有些作文材料中的关键句可以作为选择立意角度的突破口。在材料作文给定的材料中，关键句常常是命题者或材料中的人物的评议性语句。

案例

阅读下面的材料，找出关键句。

一只蚌跟它附近的另一只蚌说："我身体里有个极大的痛苦。它是沉重的、圆圆的，我遭难了。"另一只蚌怀着骄傲自满的情绪答道："我赞美上天，也赞美大海，我身体里毫无痛苦，我里里外外都是健康的。"这时，有一只螃蟹经过，听到了两只蚌的谈话。它对那只里里外外都很健康的蚌说："是的，你是健康的。然而，你的邻居承受痛苦，却孕育着一颗异常美丽的珍珠。"

【答案】你的邻居虽然承受痛苦，却孕育着珍珠。

【解析】通过分析这则材料，你会发现其中的关键句是什么呢？当然就是螃蟹所说的话——"你的邻居承受痛苦，却孕育着一颗异常美丽的珍珠"。据此，可以立意为：成功必须经过艰辛和痛苦，成功的喜悦与创造过程的艰辛密不可分。也可以站在螃蟹的角度去分析两种人生。

审题方法三 多项辐射

有些材料作文虽然内容不多，但看上去非常散漫，好像给人的感觉是出现了很多人和很多事，让人不知所云。其实并不是这样，这些事物的罗列、人物关系的呈现，都是有其内在逻辑和意义的。我们需要在原材料的内容上做分析和综合的处理，理清这些材料的相同点或者不同点，并在已知的基础上，对原材料作合理的推理和衍生。站在分析出的对象位置及对象之间的关系之中，从不同的对象角度，多项辐射地看待材料，往往能得到不同的立意。要学会从不同角度、不同层次和不同关系着眼思考问题，寻找多种途径和方法解决问题。

案例

阅读下面的材料，思考其中心观点。

不少人因为喜欢动物而给它们喂食，某自然保护区的公路边却有如下警示：给野生动物喂食，易使它们丧失觅食能力。不听警告执意喂食者，将依法惩处。

【解析】材料内容不多，意思也不难懂，但是仍然要认真地去分析题目含义。材料表面讲的既然是关于不要给野生动物喂食的问题，那么我们来一起联想发挥一下，不要给野生动物喂食可以有什么样的象征意义呢？我们可以联系到对孩子、对亲人、对学生应该抱什么态度才算是关爱的问题。这就是由野生动物联想到孩子，进行了对原材料的合理拓展延伸。所谓多项辐射，我们可以站在以下几个角度思考立意。

1.若站在喂养人（抚养人、教育者）的角度，可以写：

什么是真正的关爱；

不要溺爱孩子（或学生）；

过度溺爱害死人等。

2.若站在孩子（或学生）的角度，可以写：

不能依赖父母的“喂养”；

要勇于把自己投身到艰苦的环境之中；

学会自立等。

3.当然，也可以站在更高角度，从关注生命个体的成长和敬畏自然法则、尊重规律方面立意，应该可以写出有一定深度的好文章。

【答案】人们给自然保护区内的动物喂食，是喜欢这些动物的表现，但这会让这些动物失去自己觅食的能力。

4 不知道吧，一个优秀的立意奠定作文50分的基础哦

学会审题后，我们需要进一步学习立意。简单来说，立意就是一篇作品的立场和观点。它包括全文的思想内容、作者的构思设想和写作意图及动机等。在高考中，一则材料可以辐射的立意角度往往不止一两个。同学们在日常练笔中，在提笔写作前，也一定会将材料可能涉及的立意先写出来，这其中，抓住一个核心的中心论点以及围绕这个核心论点依照一定的逻辑展开文章的论述，可以说是奠定作文50分的基础。当然，在此之前，我们也要确保：在寻找最优立意之前，不让立意跑偏。在本节黑科技中，我们就重点学习一下要想立意不跑偏，我们需要遵循的基本原则，以及让立意更为出彩、逻辑构建更缜密的方法。在确定立意之后，我们当然也不能闲着，还要选择相应的逻辑套路成文，这之后还要考虑每一层逻辑所对应的相应素材。先花几分钟把这些事情搞定，成本不高，但对写好一篇考场作文来说，绝对效果显著。

立意如何不跑偏

上一节我们说到了审题的具体步骤和一些审题的方法，接下来我们一起来看看立意。

所谓立意，就是一篇作品的立场和观点。它包括全文的思想内容、作者的构思设想和写作意图及动机等。

立意要想不跑偏，需要遵循以下四点要求：

要正确、鲜明　　要集中、专一

要深刻、新颖　　要积极向上

1 要正确、鲜明

正确是立意的基本要求。所谓正确，是指我们所确立的主题最起码反映了自然的本质和规律，反映了生活的本质和主流，符合自然和社会的发展规律。我们写的议论文的立意当然不能违反客观规律和历史事实啦！

所谓鲜明，是指所确立的主题能旗帜鲜明地表示爱什么、憎什么、赞成什么、反对什么、强调什么。要明确果断，不能含糊其词，切忌模棱两可。

反例警示

比如，我们要论证的主题是“弯道超越”，想要表达的意思是“谁都想走笔直大道，但世上没有永远的笔直大道，只要你一直往前走，你就避免不了遇到坡道和弯路”以及“弯道与超越同在，困难与希望并存”。但是，如果在写作的过程中，又出现了“笔直大道也会使我们不断地超越自我，取得辉煌”，便是含糊不清。你一面说弯道可以让我们超越，一面又说笔直大道也可以让我们超越，岂不是让读者摸不着头脑？

2 要集中、专一

立意是统摄全篇文章的总纲，必须单纯明确。一旦确定立意，就围绕立意来写。一次只做一件事，一次做好一件事。有的同学怕写作离题，于是就将凡是与题目材料有关的内容全都扯上。这样的做法是有严重问题的，立意表达不明确、不清晰，阅卷老师会很难理解你的意思。所以，立意要“专一”。

反例警示

如果论证主题是“坚韧”铸就成功之路，而作者在论述期间又“浑水摸鱼”，掺入了“勇气”“坚持”“忍耐”等与“坚韧”有点关系又关系不大的词语，借它们来“含沙射影”地论证“坚韧”，这就是主题不专一。说坚韧就是坚韧，不要扯些有的没的来转移话题。一旦想说的太多，就容易让主题模糊，所以说立意一定要“专一”。

3 要深刻、新颖

所谓深刻，是指所确立的主题立意能反映材料所表达的含义，能揭示材料中的人事所包含的深刻的思想意义。

而新颖是指所确立的主题是作者的新认识、新感受，能给人新的启示。

比如，可以针对成语或俗语中的传统释义做出否定式的逆向论证；训练时要注意把握思想倾向，使立论更加深刻、更有意义，防止歪曲原意或者浅层琐碎甚至消极情绪。

比如：“见风必使舵”“弄斧须到班门”“不破规矩，难成方圆”“狐假虎威，何罪之有”“叶公好龙，有何不可”“知足者未必常乐”“酒香也怕巷子深”。

审题立意时，针对某一主题，要充分发挥想象力，突破固有思维模式，不受思维定式的束缚。启用以上主题立意，提出不同凡响的新构思，能让阅卷老师耳目一新。这个就是我们所说的“新颖”了，也是备受命题人青睐的“辩证思维”。

4 要积极向上

最后一点的立意要求就比较好理解了，健康向上是我们写高考作文的最根本原则，这根红线可千万碰不得呀！

“翻车”预警

这里，我们举一个反例来避免大家踩坑，欢迎对号入座！

典型例题

阅读下面的材料，根据要求写作。

在某大学毕业典礼上，一位毕业多年、事业有成的老校友对即将进入社会的大学生们说了下面一段话：

我唯一害怕的，是你们已经不相信了——

不相信规则能战胜潜规则，不相信学术不等于权术，不相信风骨远胜于媚骨。

你们或许不相信了，因为追求级别的越来越多，追求真理的越来越少；讲待遇的越来越多，讲理想的越来越少；大官越来越多，大师越来越少。

我想说的是，请看护好你曾经的激情和理想。在这个怀疑的时代，我们依然需要信仰。

要求：综合材料内容及含义，选好角度，确定立意，明确文体，自拟标题，不要套作，不得抄袭；不少于800字。

以下是一篇真实的考场作文开头选段，大家可以先行判断这篇文章的审题立意有没有问题。

> 我唯一害怕的，是你们已经不相信了——
>
> 不相信规则能战胜潜规则，不相信学场有别于官场，不相信学术不等于权术，不相信风骨远胜于媚骨。（四个排比解释关键句）
>
> 你们或许不相信了，因为追求级别的越来越多，追求真理的越来越少；讲待遇的越来越多，讲理想的越来越少；大官越来越多，大师越来越少。（三个排比句解释关键句）
>
> 因此，在你们走向社会之际，我想说的只是，请看护好你们曾经的激情和理想。在这个怀疑的时代，我们依然要不忘初心。（关键句）

在审题中，最基本的方法是抓关键句。对于一段论述性或陈述性文字，关键句往往出现在最后，这段材料便不例外。而在关键句之前的三个排比句都是起解释作用的。无论哪一种作文题目类型，都要求我们必须围绕关键句来写。

显然，这一段的关键句便是：在这个怀疑的时代，我们依然要不忘初心。

这篇文章的作者在拟题立意的时候，将“信仰”换成了“初心”，起题为“不忘初心，方得始终”，这是非常容易“误入歧途”的立意偏题，大家一定要引以为戒，高度重视。材料之中给出的关键词是“信仰”，那么你应该围绕“信仰”来展开。立意最为基本的要求就是切合题意，如果我们的立意偏离题意的话，我们的作文得分肯定不高。

这个案例告诉我们一点，就是不要换词！不要换词！不要换词！

如果题目给的“信仰”，就不要换成“初心”；如果题目给的“坚持”，你就用“坚持”，不要换成“恒心”；如果题目给的“拼搏”，你就用“拼搏”，不要换成“坚持”……

贴着题目写，才符合题意。不要擅作主张，明目张胆地改换词语，这是极其严重的偏题。

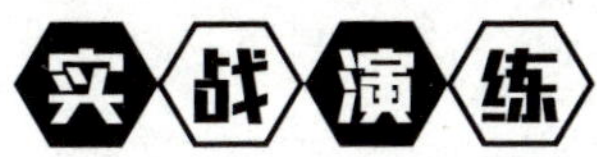

我们以一道曾在第一章简单分析过的高考作文母题为例。

典型例题

美国全球语言研究所最近公布了21世纪全球十大新闻，中国作为经济和政治大国的崛起排在第一位，是新世纪的最大新闻。该所跟踪全球75万家主要纸媒体、电子媒体和互联网进行调查，结果显示，有关中国崛起的新闻已经播发了3亿次。

对于中国的巨大变化，其中最值得展示的突出变化又是什么呢？据《中国青年报》和新浪网对中国公众的调查，得票率依次是“经济成就”“国际影响”“民生改善”“科技水平”“城市化进程”“开放程度”。

对于中国的这些变化，你有什么所见所闻所思所感？要求选好角度，确定立意，明确文体，自拟标题；不要脱离材料内容及含义的范围作文，不要套作，不得抄袭。（2011年新课标全国卷）

我们先来看一篇不够出彩的反例作文，用以解析。

反例示范

祖国，我为你骄傲

—考生

今日之中国，如猛虎，一声狂啸便可震彻山谷；今日之中国，如大鹏，奋力展翅便可直冲云霄。（开头这几句语言不错。以三小句构成排比会更好。）改革开放40年，40年风雨交加，40年砥砺前行，40年披荆斩棘，今日之中国，犹如红日初升，其光芒普照大地。作为中华儿女，每每看到祖国点滴进步，爱国之情不由得跃然心底。祖国，我为你骄傲！（中心论点为“祖国，我为你骄傲”，太宽泛了，难写出彩。同时，下文中包容、腾飞、发展三个分论点没有逻辑关联。腾飞和发展还是重复的。在逻辑架构上就存在根本性问题。）

开放的脚步是你包容的见证。互帮互助是潜藏在中华民族内里的精神基因。古有玄奘西游、鉴真东渡，今有中欧班列连接中欧情谊，“一带一路”促进各国交流。中国开放的大门越开越大，友谊之手越牵越紧。古语虽云“天下熙熙，皆为利来；天下攘攘，皆为利往”，但在中欧班列之上，承载的不仅是来往货物，还有中欧人民的深切感情。“一带一路”犹如友谊的绸带，连接的国家越来越多。还有进出口贸易博览会的召开，让世界的优秀产品在华夏大地上汇集。中国始终秉持互利互惠的理念，坚持为他国的发展贡献一份中国力量。

技术的进步是你腾飞的见证。看，在祖国西南一隅，独一无二的“天眼”正在用它敏锐的眼睛探索太空的奥秘；看，东南一角，港珠澳大桥用它坚实的脊背沟通两地，促进两地的繁荣发展；（分号之前是地域分布的逻辑，分号之后是具体产品，本身效果不错，但是如果统一改成地域逻辑，语言效果会更震撼。）看，嫦娥四号已率先抵达月球，在其背部留下了属于中国的痕迹；再看，“复兴号”高铁又一次提速，向世界展示了中国速度。还有青蒿问世、蛟龙下海、粒子探微，“苟日新，日日新，又日新”的中国，用它的辉煌成就震撼整个世界。

人民的幸福是你发展的见证。在篁岭晒出的不单单是秋日收获，更是婺源人民幸福的生活。（这之后的问题也是一样的。篁岭是地域概念。后面又东写西写的。如果能做到举例各个地域的就很震撼了。这里也提醒各位，在写中国特色作文的时候，收集特色地域的优美描写，比如南京六朝古都、西安、北平等。）共享单车遍布大街小巷，一扫居民们从前“最后一公里”的烦恼。医保全面普及，医疗水平提高，人民不再抱怨看病艰难。社会文化水平的提高，各大图书馆、博物馆开展文化活动，还有各类文创节目的播出，让人们的精神生活更多得到优秀文化的滋养，文化素质和思想道德素质也得以逐步提升。这正是中国发展所给予人民的。

红日初升，其道大光；河出伏流，一泻汪洋。今日祖国越发繁荣，也愿祖国的明天更加强盛。最后，请让我由衷地呐喊一声：祖国，我为你骄傲！

【解析】我们在确定立意后，要看看怎么用对应的逻辑套路成文。这一步之后，我们还要考虑，每一层逻辑，脑子里对应什么素材。把这些花五分钟想好，动起笔来自然如行云流水。这篇文章的主要问题是逻辑架构和立意的不完善。下面，我们再来对比一篇立意做得较好的范文。

华夏崛起，以变为楫

一考生

世界是一条莫能御之的洪流。正如沈从文所说，“这世界一切既然都在变，变动中人世乘除”。而中国，这头从缄默中醒来的雄狮，它不仅有厚重而积极的底蕴，还有创新开放的理念，以变为楫，成就着民族复兴之伟业。（中心论点：聚焦创新在我国发展中的作用。因为本身作文题目提供了广阔的发挥空间，而此时，如若像上篇文章那样散，便会使全文逻辑架构松散，经不起推敲。）

以变为楫，溯源于中华民族的进取精神，凝聚着九州先民的辩证智慧。（分论点一：由古溯源）

《周易》曰：“穷则变，变则通，通则久。”充满思辨的论说告诫人们世间变化万千的规律，而若要在变化万千中成就，唯有跟随洪流一同变化，成为弄潮儿，而非远远伫立，感叹“古老的黄金时代”的逝去。于是，商鞅敢于变法，张骞敢于西进，万户敢于飞天。

以变为楫，见证了古老文明的快速腾飞，成就着今日中国的大国格局。（分论点二：由今看成就）

曾经，中国生产落后，无数辛勤的劳动力被冠以“廉价”的蔑称；而今，人工智能日新月异，工业机器人屡见不鲜。曾经，中国交通闭塞，建铁路成为列强巧取豪夺的方式；而今，乘坐在“复兴号”上，我们从林海雪原到热带海滩，从黄沙漫漫到淫雨霏霏。曾经，中国遭西方封锁，外交孤立，与世界难以接轨；而今，APEC会议、博鳌亚洲论坛、G20峰会纷纷在华夏大地召开，世贸组织、亚太经合组织、上海合作组织纷纷将中国加入了“朋友圈”。曾经，中国文化荒芜，科技落后，被西方贴上腐朽、陈旧的标签；而今，中华文化风靡全球，“蛟龙”入海，“悟空”登天，嫦娥四号首抵月背。中国在变化中不断崛起，以崭新的姿态面向未来。

以变为楫，给予华夏儿女开拓创新的精神，赋予今日少年民族复兴的使命。（分论点三：由未来看使命）

回望过去，我们有“地广野丰，民勤本业，一岁或稔，则数郡忘饥”的盛世年华，也有列强侵华、生灵涂炭的屈辱岁月。一个世纪前，康梁公车上书，志士武昌首义，青年红船组党，先辈们改变中国孱弱的现状，于中华文明最脆弱之际为其挽回性命。今日，能否重归乃至开启更为繁荣的盛世，皆在于吾辈之手、之心。“治世不一道，便国不法古”，莫安于现状，应时时改变。

“周虽旧邦，其命维新”，新时代是奋斗者的时代，是不断变化发展的时代。华夏之崛起，必须以变为楫，通古今变化，发思想先声，立于时代潮头！

【解析】通过对比，同一作文题，立意高下即刻可分。聚焦立意，一方面可以为我们提供缜密的行文逻辑（范文中即为我们在黑科技1中提到的由古到今逻辑），另一方面不会出现前面所出现的写着写着换词而跑偏的现象。

小试牛刀

以上我们讲解了立意的四个基本要求和非常重要的一项原则“不要换词”。理论要和实践相结合，接下来就利用我们所学的知识来小试牛刀吧！

案例一

童话里的灰姑娘穿着一双水晶鞋去参加王子的舞会，艳惊四座。然而，英国莱斯特大学物理系的一群学生通过研究发现：如果灰姑娘体重50公斤，鞋跟高度超过1.3厘米时，一旦走路，水晶鞋就会被踩碎。学生们在论文里给灰姑娘建议：“如果想获得王子的心，一定不要穿高跟鞋。”研究论文发表在该校的物理学期刊上。

【解析】我们先对材料进行概括：对于童话灰姑娘的故事，一群学生建议灰姑娘不要穿高跟鞋。进而进行立意思考，一方面是童话故事，一方面是现实考量，立意就可以从这两方面着手。

【参考立意】

独立思考，理性判断；认清现实，走出童话；学贵在质疑、敢于纠错

案例二

台湾作家刘继荣的一篇博文说，她读中学的女儿成绩一直中等，却被全班同学评为“最欣赏的同学”，理由是乐观幽默、热心助人、守信用、好相处等。她开玩笑地对女儿说：“你快要成为英雄了。”女儿却认真地说：“我不想成为英雄，我想成为坐在路边鼓掌的人。”

这篇博文在网上引起了热议。

网民甲：坐在路边鼓掌，其实也挺好。

网民乙：都在路边鼓掌，谁在路上跑呢？

网民丙：路边鼓掌与路上跑步，都值得肯定。

请从上述网民的议论中选取一种看法，写一篇文章。你可以讲故事，抒发情感，也可以发表议论。

【解析】对于一篇博文，三位网友甲乙丙分别有自己的看法。关于路边鼓掌和路上跑步两种做法，我们仔细想一想这两种做法有什么象征意义呢？路边鼓掌的人可以引申为那些默默无闻而给他人喝彩的人，而路上跑步的人可以引申为敢于争先、勇于追梦的人。我们也可以结合两者，从网民丙的方向来立意。

【参考立意】甲：能够真诚地为他人喝彩，也是一件很好的事情。

乙：要敢于争先、勇于争先。

丙：人没有高低贵贱之分，无论他选择了坐在路边鼓掌还是在路上跑步，都值得肯定。

案例三

丝瓜藤和肉豆须

乡间有谚语："丝瓜藤，肉豆须，分不清。"意思是丝瓜的藤蔓与肉豆的藤须一旦纠缠在一起，是很难分开的。

有个小孩想分辨两者的不同，结果把自家庭院里丝瓜肉豆的那些纠结错综的茎叶都扯断了。

父亲看了好笑，就说："种它们是挑来吃的，不是用来分辨的呀！你只要照顾它们长大，摘下瓜和豆来吃就好了。"

【解析】对于丝瓜藤和肉豆须的辨别，孩子和父亲有不同的看法。孩子想分辨两者，于是把茎叶都扯断了。父亲却认为种它们是用来吃的，而不是用来分辨的。那么，孩子和父亲的两种观点就是我们立意的立足点。

【参考立意】从孩子的角度来看，要勇于质疑，敢于探索。

从父亲的角度来看，做事情要明确最终目标，在过程中要抓住主要矛盾。

黑科技解密 1

建好逻辑框架，
高分还不是
手到擒来

黑科技解密 2

并列式逻辑，小白
也能学得懂，创新
手法写出彩

黑科技解密 3

正反对比逻辑，
此配方很辩证、
很吸睛哦

黑科技解密 4

层层递进的逻辑，
高阶挑战让你走向
作文巅峰

学姐说说说

Q 学姐，我们老师一直要求我们用“三段式”的结构来写作文，就是“开头+三个分论点三段+升华+结尾”。但是这样写究竟好不好呢？会不会因为太过常见而拿不到高分呀？

A 谁说“结构常见=分数平庸”？作为承载内容的骨架，“三段式”更工整的格式、更清晰的结构可以把你的思想内容、你的逻辑大方地展示出来，这是符合考场生态的。在节奏极快的阅卷过程中，这种工整清晰的论证也可以为阅卷老师省下不少麻烦。并且，如果你的字体并不好看，还可以用文章的格式来加以弥补。

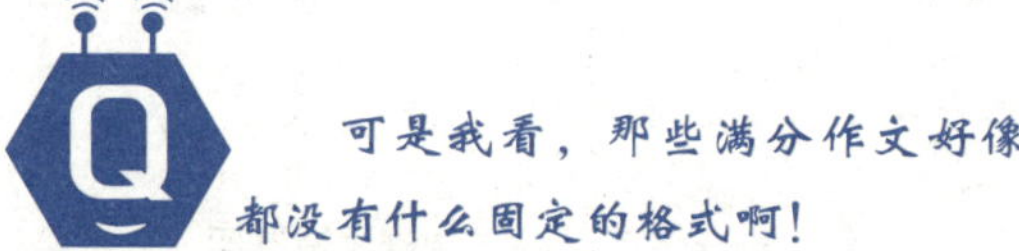

Q 可是我看，那些满分作文好像都没有什么固定的格式啊！

A 满分作文所谓“没有固定格式”，可以分为两种情况。第一种，考生已经达到行云流水的境界，完全可以驾驭这种看似“没有格式”的文风，他的逻辑已经超越了“三段式”并且可以自圆其说。对于这种情况，如果你想要模仿，还得先掂量掂量自己够不够水平。并且，如果你为了追求高分而写得“高深莫测”，风险也会相应加大。一旦老师没领会你的“才华”，你就极有可能滑向偏题离题的深渊。

那第二种呢？

A 第二种，有的范文虽然看起来并不那么规整，但它们实际上也是按照“三段式”的逻辑，选择三种框架中的一种或两种组合展开的，只是不再局限于三段。它们虽然形式不同，但都可以看成“三段式”的升级版。综上所述，我还是建议你先写好基础的“三段式”，这就相当于掌握了“母题”。一定要注意，切忌眼高手低！

好的，我会勤加练习，打好基础！那么，一篇典型的“三段式”作文该怎么写呢？

A 这就是“PART 03”的主要内容啦，教你一步一步建立高考作文的逻辑框架。“三段式”听起来虽然容易，却也可以玩出不同的花样。从最简单的“并列式”到“层进式”的各种花样，还有很多值得你去尝试呢。

建好逻辑框架，高分还不是手到擒来

写一篇高考议论文就如同一项造房子的浩大工程：文章立意就是我们盖房子的目的；写作提纲就是我们的建筑图纸；文章结构则是建筑的骨架；作文素材就是填充建筑的砖头瓦块；优美的语言则是黏合剂，也是装饰物。作为议论文的整体骨架，框架结构的重要性不言而喻。高考作文要求结构完整、严谨，层次分明，条理清晰，因此立好总体框架是提高分数的重要手段。我们都知道，写作文的时间大致在一个小时以内，我们在写应试作文的过程中时间有限，不可能反复琢磨，因此必须以基本结构模式为骨骼支撑，迅速立好框架，才能步步到位，写出与题目要求切合的文章，全局策划，拿下高分。

使用"框架"有好处

有的同学可能对此有些误解，比如不少同学认为写议论文时使用"套路""模板"是套作抄袭，所以对所谓的"框架"嗤之以鼻，于是匆匆下笔，导致整篇作文杂乱无章，即便有新颖的立意和华丽的辞藻，也很难拿到高分。

而如果能够搭建一个清楚的框架，就可以达到行文思路清晰、方向一目了然、结构清楚明白、逻辑严谨缜密的效果，不仅节省写作时间，也为阅卷者提供便利。

我们介绍的框架，不是照抄照搬、偷换概念，而是一种思维模式，一种思考方向，一种让文章结构清晰、条理明白的写作范式。

俗话说"磨刀不误砍柴工"。提前做好谋篇布局的工作，列好作文提纲，可以先对行文有整体的把握，让文章中心明确、条理清晰、详略得当，轻轻松松拿高分。而在列作文提纲的时候，究竟要以什么样的行文思路来进行议论文写作呢？这就是"框架搭建"要解决的问题。

框架搭建手把手

大致来说，常见的框架一般分为三种。

1 并列式结构

所谓并列式，就是对中心论点进行条分缕析，分解出三个分论点，共同来阐述文章的中心论点。

2 对比式结构

把两种人或事物、同一人或事物的前后不同的方面组合在一起，进行论证阐释。

3 层进式结构

即后面的论证是在前面论证的基础上进行的，前后之间是逐层推进、逐步深入的关系。层进式结构有“是为怎”（是什么、为什么、怎么办）、“由小到大”、“由虚到实”等常见写法，我们后面会为大家慢慢讲解。

比如，我们的论证主题是“踏实是金”，用并列式、对比式、层进式分别来写三个分论点，应该怎么展开呢？

并列式

踏实是通向成功的桥梁。

踏实是支撑人生的拐杖。

踏实是塑造人格的斧头。

对比式

踏实者登临高峰，浮躁者跌落谷底。

踏实者行阳关大道，浮躁者走独木危桥。

踏实者无悔人生，浮躁者追悔人生。

层进式

（个人）踏实的人，走得更远。

（社会）踏实的社会，走得更稳。

（国家）踏实的国家，走得更快。

综上所述，我们可以整理出搭建框架的三个步骤。

1.明确主题和中心思想

在进行框架搭建之前，首先要明确议论文的写作要求是什么，可以往哪个方向写，避免跑题。明确了论证内容，再提炼出与作文要求相符的主题和中心思想，这一点非常重要。

2.根据作文类型分点

我们还需要根据作文类型来进行具体分点。不同类型的作文大概可以往哪个方面搭建框架，是有规律可循的。具体框架的使用范围和技巧，在后面我们会详细讲到。

3.标出详略程度

最后一步是标出详略程度。清晰的架构只是议论文写作的第一步，写作中心还要靠后期内容去突出和充实。因此，我们必须根据行文需要，按照重要程度对文章的每个部分标注详略程度或字数，这样做能够避免虎头蛇尾、偏离中心等情况出现，使文章详略得当、中心突出。

用经典框架"搭建"高分

阅读下面的材料，根据要求写作。

2000年　农历庚辰龙年，人类迈进新千年，中国千万"世纪宝宝"出生。

2008年　汶川大地震。北京奥运会。

2013年　"天宫一号"首次太空授课。

公路"村村通"接近完成；"精准扶贫"启动。

2017年　中国网民规模达7.72亿，互联网普及率超全球平均水平。

2018年　"世纪宝宝"一代长大成人。

…………

2020年　全面建成小康社会。

2035年　基本实现社会主义现代化。

一代人有一代人的际遇和机缘、使命和挑战。你们与新世纪的中国一路同行、成长，和中国的新时代一起追梦、圆梦。以上材料触发了你怎样的联想和思考？请据此写一篇文章，想象将它装进"时光瓶"，留待2035年开启，给那时的18岁的一代人阅读。

要求：选好角度，确定立意，明确文体，自拟标题，不要套作，不得抄袭，不得泄露个人信息；不少于800字。（2018年全国卷Ⅰ）

没错，又是这道题！（接下来，你还会在不同的黑科技介绍中与它见面呢，这并不是重复，只是讲解角度不同哦！）接下来，我们就手把手地带你写一份“考场作文写作提纲”，并教你如何用好在提纲中列出的框架。可别小看提纲，正式提笔前的5到10分钟时间是一定不可以忽略的。提纲组织得好，写作文就不容易卡壳，文章的结构和思路才能一以贯之。特别是对于写作文时间不够的同学更是如此。在紧张的最后阶段，没有提纲的同学往往容易头脑空白、不知所措，我可不希望你经常体验那种慌乱的感觉。

大家可以翻回“PART 02”黑科技解密1中的第二篇范文。那里，我们直接展示了“结果”——一篇高分范文。这里，我们就来揭秘“过程”——优秀的文章是怎样写出来的呢？请看如下分解：用我们的方法，全方位无死角搞定新鲜出炉的高考题！

1 明确主题和中心思想

明确主题和中心思想，也就是审题立意。具体方法在“PART 02”已经说过，这里不再赘述。我们可以从材料中提取出“时代”“梦想”两个关键词。为求稳妥，我们就把这两个词当作我们作文的主题词。由于材料是以时间线的形式展开的，并且强调了“一代人”“成长”这样有延续性的概念，我们就可以很自然地想到从“由古到今”的辩证方向入手写作（同样都是以时间为主要线索）。另外，“一路”“一起”等词还强调了青年与国家的密切联系。

2 根据作文类型分点并确定行文思路

显然，这是一篇国家时事类作文。结合在第一步中初步形成的思路，我们需要思考：

- 中心论点是什么？（用一句话概括）

◆ 三个分论点如何递进？（想出三个递进关键词，统一用一种优美简洁的句式呈现）

◆ 在三层递进的基础上怎么升华？（最后可以往哪里拓展？这一条如果一下子想不到，可以在写作过程中寻找灵感）

◆ 标题怎么拟？用什么形式开头、什么形式结尾？（不要忘记写标题！最简单的做法是先将中心论点浓缩，形成标题。在写开头和结尾前，建议先打一个相对完整的草稿）

思考的结果，就形成了文章的框架，也就是一份初步的写作提纲：

标题：直接用两个关键词和题干其他提示信息组合。标题即中心思想——"以梦想为伴，与时代同行"。

开头：要求是给青年写信，就用第二人称开头。（120~150字）

中心论点：（用过去的经历激励新一代青年）以梦想为伴，与时代同行。（写在开头）

分论点1：（由2008年的信息得出）痛苦与欢乐并存的时代，梦想"前行"。（约200字）

分论点2：（由2013年的信息得出）国计与民生共举的时代，梦想"发展"。（约200字）

分论点3：（由2017年的信息得出）过去与未来交织的时代，梦想"富强"。（约200字）

升华：结合关键词用名句素材升华主旨，狄更斯《双城记》开头。（80~100字）

结尾：呼吁式结尾，从"我们的时代"到"你们的时代"。（约100字）

有没有注意到，论点和分论点都在不断强调"时代"和"梦想"？

以上提纲，便把文章的基本框架搭建了出来。我们的“四部曲”已经完成两项——“审题立意”“逻辑框架”，接下来还剩下“内容”和“语言”，也就是素材和文笔。

此时，写作类型已经明确（国家时事类，要求宽视野、大格局），写作内容也基本清晰（联系国家发展经历的大事）。我们会发现，回忆和选择素材竟然变得如此容易！

每一个“时代”，我们都可以用当时的重大国情、典型事件作为素材，只要在写作过程中突出时间线索、突出发展过程中体现的精神即可。

对于这样一篇“三段式”文章，你还能说它普通、平庸吗？

2 并列式逻辑，小白也能学得懂，创新手法写出彩

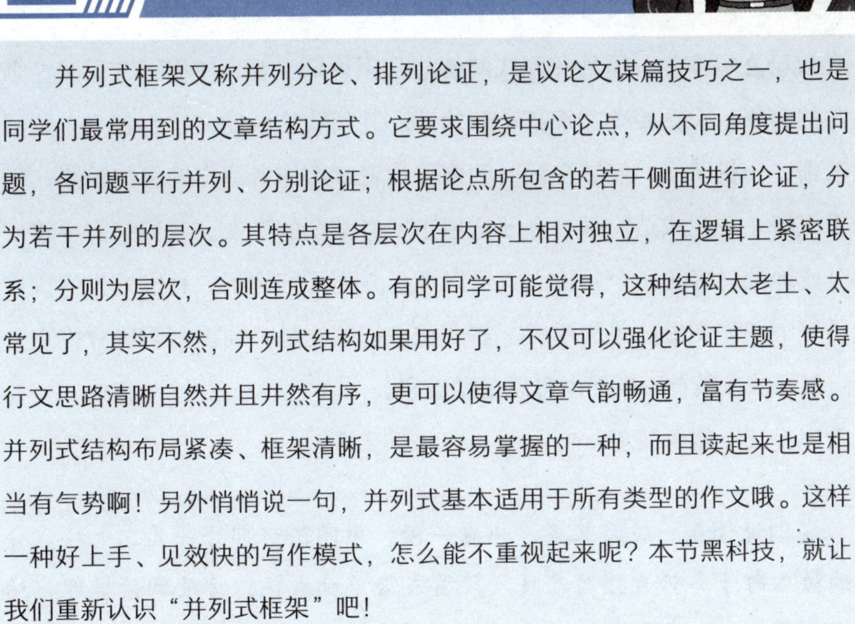

并列式框架又称并列分论、排列论证，是议论文谋篇技巧之一，也是同学们最常用到的文章结构方式。它要求围绕中心论点，从不同角度提出问题，各问题平行并列、分别论证；根据论点所包含的若干侧面进行论证，分为若干并列的层次。其特点是各层次在内容上相对独立，在逻辑上紧密联系；分则为层次，合则连成整体。有的同学可能觉得，这种结构太老土、太常见了，其实不然，并列式结构如果用好了，不仅可以强化论证主题，使得行文思路清晰自然并且井然有序，更可以使得文章气韵畅通，富有节奏感。并列式结构布局紧凑、框架清晰，是最容易掌握的一种，而且读起来也是相当有气势啊！另外悄悄说一句，并列式基本适用于所有类型的作文哦。这样一种好上手、见效快的写作模式，怎么能不重视起来呢？本节黑科技，就让我们重新认识"并列式框架"吧！

并列式框架解密

并列式结构十分类似诗歌中的“重章叠句”。而重章叠句是诗歌的一种常见手法，即上下句或者上下段用相同的结构形式反复咏唱的一种表情达意的方法。这种手法具有回环往复的表达效果与音韵美、意境美、含蓄美。比如：

蒹葭

蒹葭苍苍，白露为霜。所谓伊人，在水一方。
溯洄从之，道阻且长。溯游从之，宛在水中央。
蒹葭萋萋，白露未晞。所谓伊人，在水之湄。
溯洄从之，道阻且跻。溯游从之，宛在水中坻。
蒹葭采采，白露未已。所谓伊人，在水之涘。
溯洄从之，道阻且右。溯游从之，宛在水中沚。

在议论文写作中，这种并列式结构能强化论证主题，使得行文思路清晰自然并且井然有序。它也使得文章富有韵律感。并列式结构的文章看起来布局紧凑，框架清晰，一目了然，能够在短时间内让读者掌握作者写作的思想脉络，而且读起来有气势。并列式结构基本全部适用于所有类型的作文，我们只需要将中心论点拆分成地位对等的三个分论点就可以运用并列式结构了。其模式也好操作，是快速学好考场作文最简单的形式。需要重点把握的是，要提前明确分论点，并且分论点最好放在段首，当然也可以单独成段。

有以下三点需要注意：

1.位置

我们说论点一般写三点，一点一段，中间论证部分一共三大段。分论点的核心句子务必直接写在每段段首或者单独成段，方便阅读梳理，结构清晰可见，层次感突出。

2.立意

不论是中心论点还是分论点，都必须切题，要和主题立意密切相关，不要插入偏离题意的论点。

3.角度

三个分论点需要从不同角度思考论证，否则会给人单调乏味、重复啰唆之感。

案例一

论述主题：和谐是社会向前发展的保证

论点1. 社会向前发展，需要人与人的和谐。

论点2. 社会向前发展，需要人与社会的和谐。

论点3. 社会向前发展，需要人与自然的和谐。

最后，我们也可以适当总结归纳一下，比如说社会发展需人、社会、自然和谐，你、我、他共同撑起和谐的家园。

【练习】仿照案例一的形式，请大家以"读书之乐"为论述主题，写出关于"读书之乐"的三个分论点。

答案

读书之乐，乐在读之。小学时，在灶台边借着微弱的火光读过《西游记》，在旷野中幕天席地朗读过唐诗宋词；中学时，在课堂上躲避老师的火眼金睛偷看过《红与黑》，在夏夜里冒着蚊虫的叮咬默诵过泰戈尔；大学时，在山间的林荫里阅读流畅的散文，在温暖的被窝里浏览缠绵的小说。现在工作了，阅读也成了一种习惯。每天就那么静静地，哪怕只读上几页也好，都觉得日子没有虚度，偶或得到一丝感悟，便会让自己感到无比富足。

读书之乐，乐在思之。漫步鲁迅的笔下，我读懂了心灵压抑时的呐喊，摆脱了前途蹉跎时的彷徨，减去了一份对闰土的愤懑，增添了一丝对阿Q的悲悯；爬上杜工部的笔端，我看到了旧社会的千疮百孔，听到了朱门大院里面锁住的欢笑及荒郊旷野上悲凉的哀鸣；细读《简·爱》，我体会到了独立、坚强与真正追寻自我的勇气；走到抽屉文学家余杰面前，我仿佛被他犀利的笔锋剥光，自己心灵深处的每一丝污垢都显得那么明显，无所隐匿，从而勇敢地站在明媚的阳光下，尽情享受那份渴盼已久的洗礼。

读书之乐，乐在醉之。对于读书之人，书的来源不外乎借阅和购买。我乃是借者多而购者寡，只因囊中羞涩也。尽管如此，书房里的书橱也日益充实了起来，文史哲各有所揽，经管法略存数籍。只因时常以“可一日无食，不可一日无书”作铭自勉，故而腰带紧之又紧，人在不觉中便瘦了一小圈，竟然也能从肚皮底下挤出一本装帧豪华、印刷精美的厚厚大书。于是挑灯夜读，欣然忘食，纵使肚腹咕咕作响，也不愿轻易释手。

经过典例的讲解和课堂的练习，相信大家对并列式分论点的写作已经不陌生了。下面，我们继续通过高分范文来体会并列式在整篇议论文中的展现吧！

以实干为舟，渡理想之河

一考生

张横渠立志“为往圣继绝学，为万世开太平”，继而焚膏继晷，传承经学；孙文立志“以吾人数十年必死之生命，立国家亿万年不死之根基”，继而披荆砥砺，发动革命。从古至今，无数才俊心怀天地，并以自身行动报家报国，才创造出中华五千年来的光辉灿烂。而今，当代青年亦当以实干为舟，渡理想之河。

以实干为舟，是以脚踏实地、沉稳做事为本，是渡河的根本保证。太史公心怀“究天人之际，通古今之变”之志，但真正成就“史家之绝唱”是因其步履不停、笔耕不辍；嗣同自少年便言“抚剑起巡酒，悲歌慨以慷”，但真正为其改良道路增添光彩的是其寒窗苦读，著成《任学》；马丁·路德·金慷慨陈词“我有一个梦想”，但这句话得以发光发热是因其披荆斩棘，投身运动。他们都是心怀大志之人，但真正让他们的心志成为天下绝唱的，是他们背后所做成的事。是背后的汗水与行动，铸造了今日人类精神长空的不灭火炬。

渡理想之河，是怀感念天地、报效社会之志，是做舟的基本动因。屈子有“路漫漫其修远兮，吾将上下而求索”的打算，正是出于他的承天报国之志；鲁迅有“能做事的做事，能发声的发声”的考量，正是出于他“我以我血荐轩辕”的爱国拳拳之心；特蕾莎修女在炮火中奔走，正是出于她对天下众生的仁慈关怀。他们都做出了实事，而这些实事背后，都是一份高尚的理想情怀在支撑着他们，使得他们可以在艰巨中奔走、在黑暗中疾呼。

以实干为舟，渡理想之河，体现的是社会理想的抱负、内心品格的坚守。是向沉疴弊病果断挥斩的吴钩，是在名利场上沉静清和的凌晨四点海棠花未眠。勾践卧薪尝胆为报国仇，甘地印度奔走争民族解放，他们皆以实干做事，以理想发声。盖天下成大事者，皆是心怀清流，步行万里。

而目及我们所处的时代，市场经济浪潮泥沙俱下，精致利己主义者摇旗呐喊俨然成为常态。人们逐渐被物质欲望填满生活，被利益喧嚣遮盖星光，忘记了做实事、怀理想的重要性。那么在“触动利益往往比触动情怀还难”的当下，青年们当以自身行动重树风气，多一份实干直视，多一份理想情怀。以实干和理想充盈人生，找到更持久、更深刻的生命出口。

【解析】这是一篇规范的并列式议论文。从文章论证逻辑结构看：文章标题在亮出中心论点“以实干为舟，渡理想之河”之后，便从三个方面展开了充分的论述——实干的重要，理想的重要，二者结合的重要。除了缜密的逻辑结构外，再来看文中所引用的素材事例，均采自高中语文课本——如司马迁、谭嗣同、屈原、鲁迅等。更为难能可贵的是，作者将古典诗文如《报任安书》《离骚》及名人如马丁·路德·金等的名句信手拈来，且运用得十分妥帖。文章语言简洁明快、干净利落。这也启示我们：语文课本的素材往往为大家所忽略。殊不知，如果能像这位作者一样恰当运用，就可以达到意外的“满分”效果。反正要背这么多背诵篇目，不如多迈出一步，学习本文的方法，将辛辛苦苦背下来的文章在作文中反复运用，一箭双雕，何乐而不为呢？

案例二

论证主题：怎样才能把握转折

论点1.把握转折，需要勇气。

论点2.把握转折，需要信念。

论点3.把握转折，需要忍受孤独。

最后，我们也可以适当总结一下，比如说坚守勇气、信念，忍受孤独，画出心灵最美的折线。

【练习】仿照案例二的形式，请大家以“善待生命”为论述主题，写出关于“善待生命”的三个分论点。

答案

善待生命，让生命之色美丽不改。在中南美洲的热带雨林生活着一种体形巨大却美丽异常的蜥蜴——绿蜥。它绿色的皮肤在阳光的照耀下就像绿宝石一样绚烂。有人尝试杀死它而得到其皮肤，可只有几秒钟，其皮肤就失去了光彩变成灰色，因为它体内的血液停止了流动，而捕杀者也希望落空。生命是美丽的，却由于残忍和贪婪而变得黯淡无光。为了得到，竟不惜毁去一条生命，捕杀者的冷酷与绝情让人心寒。而这一切也清楚地告诫着我们：扼杀和占有是一种破坏，只有懂得善待生命，才能欣赏到世间的美丽。

善待生命，让生命之花常开不败。作为我国建筑学界的一代才女，林徽因的生命中并不只有建筑。她体弱多病，却在健康状况日益变坏的情况下强撑着身体，从死神手里夺来了十年的时间。在这最后的十年里，她参与并完成了中华人民共和国国徽的设计；她带领学生抢救景泰蓝，保住了这珍贵的国宝工艺；她承担了人民英雄纪念碑底座装饰浮雕的设计……她一直未曾放慢奔波的脚步，直到去世。她51年的生命历程是短暂的，但她留给世人的财富是永恒的。这样一位柔弱的女子就这样对生命做出了最好的诠释。对于生命，有人选择漠视，她却选择牢牢抓住；有人选择践踏，她却选择不断充实；有人选择放弃，她却选择一生善待。善待生命，正是这样的选择，才让她的生命之花绽放得如此夺目。

善待生命，让生命之诗精彩不衰。古人云：“身体发肤，受之父母，不可轻毁。”我们说：“生命只有一次，失去了就不可能重来。”在我们反复强调生命的可贵时，却有人对生命做出了最轻率、最不负责任的回答。法国社会学家埃米尔·迪尔凯姆写过著名的《自杀论》，他认为自杀须被列为不道德的行为。的确，每个人都应该知道：活着，就是一首好诗，而自杀就是破坏了全诗美感的蹩脚结局，因为轻生就是对神圣生命的亵渎，是一种不负责任的逃避。倘若善待生命，那结局便会如点睛之笔一样精彩动人。

正反对比逻辑，此配方很辩证、很吸睛哦

这一节，我们继续来学习第二种比较常见的写作模式：对比式。所谓对比式，就是以正反对比论证为中心，把两种事物加以对照、比较后，推导出它们之间的差异点，使结论映衬而出的论证方法。这是一种常用的、有说服力的论证方法。事物的特征和本质在对比中最容易显露，特别是正反相互对立的事物的比较，具有极大的鲜明性，能给人留下深刻印象。经过对比，正确的论点也会更加稳固。另外，对比式框架很重要的一点是，在对比后要进行适当的分析和评议。在对比式框架中，比是基础，议是升华，旗帜鲜明地做出评价或得出结论，和要论述的中心观点建立联系，中心更加突出，文章也会更有力度和深度。同学们在写作对比式框架的文章时，还可以搭配排比的修辞手法，让文章显得更加整饬有力。到底如何应用对比式框架？下面就娓娓道来。

对比式的两种类型

1.纵比

指时间上的前后时期、事物的前后阶段的对比。例如：

唐玄宗在位前期励精图治，开创了盛极一时的开元盛世；在位后期宠信奸臣，导致了长达八年的安史之乱。

方仲永天资聪颖，绝非常人可比，然而即便是这样天资过人的人，如果不重视后天的学习，如果离开了勤奋刻苦，也是断然不可能成才的。方仲永这前后变化的过程，正有力地说明了“天才在于勤奋”的道理。

2.横比

指同类事物间的对比，“横”代表同类型。例如：

骐骥一跃，不能十步；驽马十驾，功在不舍。锲而舍之，朽木不折；锲而不舍，金石可镂。蚓无爪牙之利，筋骨之强，上食埃土，下饮黄泉，用心一也。蟹六跪而二螯，非蛇鳝之穴无可寄托者，用心躁也。

以上两段论证是非常经典的对比论证。

在以上纵比的选段中，对比论证主要体现在：同样都是唐玄宗，他在前期和后期却有不同的作为和结果。这是为什么呢？因为唐玄宗前期励精图治，后期却宠信奸臣。同样都是方仲永，他天资过人，之后却“泯然众人”，是为什么呢？从而顺利引出“天才在于勤奋”的道理。

在横比的选段中，作者用四个正反对照的事例：先用“骐骥”“驽马”对比，说明主观条件的好坏不是学习的决定因素，坚持不懈才是学好的关键；又用

"锲而不舍""锲而舍之"对照，说明只有坚持不懈、持之以恒，才会有所成就。这是本段第二个层次，说明做到积累就要坚持不懈。最后一个层次，作者用蚓和蟹两个比喻正反对照，说明做到积累还要专一。后面两个层次说明做到积累的两点保证，二者缺一不可。

大家在议论文的写作中可以模仿这样的对比论证行文逻辑，再搭配排比，便可形成恢宏的语言气势，不仅提升了语言的美感，也让文章更加丰满、逻辑层次更加分明。

对比式的适用范围

1 辩证性的主题

首先，对比式适用于辩证性的主题，即主题本身辩证性就相当强烈，内在的逻辑性非常强，批判思维也相当浓烈。比如说：

- 失败乃成功之母
- 有缺点的战士终究是战士，完美的苍蝇终究不过是苍蝇
- 法律无情，人间有情
- 后退是为了更好地前进
- 真正的勇敢是富于弹性的
- 温柔就是能够对抗世间所有的坚硬

2 概念性的主题

除了辩证性比较强烈的主题以外，对比式还适用于概念性的主题，即从材料中提炼出概念性的词语或句子。比如说：

- 政之所兴，在顺民心；政之所废，在逆民心
- 亲贤臣，远小人，此先汉所以兴隆也；亲小人，远贤臣，此后汉所以倾颓也
- 勇气、蛮勇、怯懦
- 傲骨、傲气、懦弱
- 规则与变通、章法无度、墨守成规

注意

（1）紧扣论题：首先就是要有明确的目的。要根据文章中心论点的需要确定运用对比论证的事例或观点，要明确运用对比论证阐述的道理是什么，一定要心中有数。

（2）明确对比：除了要“紧扣论题”，我们还要注意对比要有统一的对比点。用作对比的事物必须有明确、统一的对比点。如果两种事物间缺乏一定的可比性，就缺少了对比的依据，也就达不到有效论证的目的。

（3）重视分析：对比式的框架结构还要求对比之后进行适当的分析议论。要把蕴含其中的事理简明扼要地揭示出来。比是基础，议是升华。因此，对比后要旗帜鲜明地做出评价或得出结论，和要论述的中心观点建立联系，以此来突出中心论点。

案例一

请阅读以下材料进行审题立意，并写出立意、题目，以及正面论证和反面论证。

过去、现在、将来，能够完全知道个人行为和思想的只有自己；世界上很多文化借助宗教信仰来指导人们生活的信念和世俗行为；而对于无神论者来说，自我尊重是重要的正道。

这不是自恋、自大、自负、自夸、自欺、自闭、自怜，而是自信、自豪、自量、自知、自省、自赎、自勉、自强。

自尊支撑自由的精神、自主的工作、自在的生活。

【解析】通过阅读以上材料，我们不难得出论述主题：懂得自尊。

立意：懂得自尊，是为人处世的金科玉律，也是国家发展的生命与灵魂。

题目：懂得自尊

论点：

正面论证

懂得自尊，是做人处事的基本原则，是人格发展的重要基石。陶渊明不为五斗米折腰，正是因为其尊重自己清高的品格；文天祥挥笔写下振聋发聩的《正气歌》，正是因为其尊重自己爱国的气节。

反面论证

若是缺乏自尊心，就变得凡事无所谓，嬉皮笑脸，这是对自我人生不负责任的表现。反之，若自尊心太强，就成了刚愎自用，同样不利于个人的发展。霸王项羽，不可一世，有范增而不能用，终致垓下兵败，乌江自刎，长使英雄泪满襟；关羽轻视东吴吕蒙、陆逊，最终丢失荆州，败走麦城，一世英名毁于一旦。

升华层次（由个人到国家）

于个人而言，自尊是人格独立和个人成长的基本要求；于国家而言，自尊同样是民族独立和社会发展的希望与灵魂。在封建社会后期，专制集权、纲常伦理压抑民众的自尊自主，把人民变成“奴隶”，压抑了人民生产创造的活力，不可避免地会被时代淘汰；中华人民共和国成立后，我国实行独立自主、自力更生原则，为中华民族的伟大复兴插上了腾飞的翅膀。

练习

请以“好集体不会埋没人才”为论述主题，依据以下材料写一段正反对比论证的段落。

材料：孙膑与庞涓同出于鬼谷子门下。他们二人可说是精于谋略，都是不可多得的人才。但是，当孙膑来到庞涓任职的魏国时，庞涓嫉妒他的才能，表面恭敬，内心仇视，多次向魏王进谗言，以致孙膑被挖去膝盖骨，不得展其才志。而齐王听说孙膑之才，不惜费尽心力，将孙膑请到齐国，委以重任，齐军才终于有了马陵道之胜。

【解析】同是孙膑，为何落得两种境遇呢？就是因为他效劳于优劣不同的两个统治集团。在魏国，庞涓只为私利，妒贤嫉能，魏王昏庸，偏听偏信，而且缺乏识别千里马的伯乐眼光。试想孙膑在这么一个集体中，如何施展抱负呢？而齐王任贤用能，身边的臣子也不像庞涓那样谋私，因而上下齐心，孙膑在此，可说计出即行，正得以充分发挥作用。可见，好集体不会埋没人才。

案例二

请从正面和反面两个方面来论主题"唱响尊严之歌"。

正面论证

尊严是一个人的脊梁，尊严是无畏的气概，是我们每个人必备的操守。它提供给生命的不只是一种依托、一种凭借，更是永远的充实、无尽的能量。坚守尊严的人如一泓青春的山泉，总是那么晶莹澄澈；又如一截钢筋，无论铆焊在何处，都是从容自如，铁骨铮铮。

清风吹掀起历史的书页，尊严在岁月的时空中折射着不灭的光辉。曾经红尘滚滚，她，随拨弄的琴弦，让天籁跫音渲透了灵魂的向往。杜十娘用炽热的心爱着李甲，她的身份却使李甲退缩。江水滔滔，杜十娘怀抱百宝箱投入江中。她推开李甲的阻拦跳入水中，她用滔滔江水来捍卫自己的尊严，唱出一曲浩然尊严之歌。

反面论证

而一个丧失尊严的人，其精神是麻木的。丧失尊严，是一个人走向沉沦的先兆，是埋葬自己的开端：如秦桧为了一己私利，让南宋蒙羞，也让后人"到坟前愧姓秦"。那些丧失尊严的人，会如同一粒尘埃，终将湮灭在风雨中。

掌声还给科学家

一考生

一条微博，几句情话，明星发文惊动十几亿人，刷屏转发卡爆网络。一世科研，几十春秋，科学家奉献助国飞跃，媒体报道轻描淡写，巨大成就无人问津。

有人认为，职业不同决定关注度不同，不必为此哀叹。但如果丧失了对科学家的关注度，青年将如何进步？科研不能传承，人们醉心于娱乐消遣，创新从何而来？科技将归向何处？

所以，请把掌声还给科学家。

对科学家和明星的关注度不同，归根结底，是“大我”与“小我”的选择不同。关注科学家，了解科技发展的状况，是选择“大我”。关注明星，谈论一人颜值身材，咀嚼媒体婚恋爆料，是选择“小我”，娱乐自身。

正如雪莱所说：“浅水喧哗，深水沉默。”娱乐的鼓风机，早已鼓吹时速的城堡遍地开花。精通八卦而漠视科研，热衷娱乐而不谈科学，已成为很多人的习惯。在浮躁风气的驱动下，科学成果被忽视，科学家名字被“屏蔽”，人们舍不得拿一根手指去点击新闻网中“科技”字样，却倾尽余额为“爱豆”点赞打榜。

近年来，科学新闻被娱乐消息掩盖的事件层出不穷。有人用婚礼刷了屏，天价婚礼的消息遮蔽了屠呦呦诺奖的光芒。有人公布恋情卡爆网络，袁隆平新研发的海水稻只能在缺少关注中默默生长。科学与娱乐，严肃与八卦，在“小我”的坐标上，人们毫不犹豫地选择了后者。于是，在他们的认知里，娱乐必不可少，而科学可以缺席。如此，岂不悲哉？

诚然，科学家与明星，这是两类人。后者凭借才情，致力于文艺事业，无可非议。然而，如果没有强硬的科技、厚实的国力，文艺产业便没有市场。掌声还给科学家，促科研进步，推文化繁荣。

如何提高对科学家的关注度？《朗读者》给出了不错的答案。在《朗读者》

第二季的舞台上，董卿邀请了清华大学量子物理学家薛其坤。科学与媒体的融合，通过央视大舞台展现科学成就，讲好科学知识，将枯燥的理论转化成有声有色的朗读，难道还不能提高大家对科学家的关注度吗?

“船在海上，马在山中”，每一个人都在自己的岗位上。科学家在实验室里钻研，娱乐明星在舞台上展现。在关注明星的同时，请把掌声还给科学家，多一些关注和鼓励，少一些漠视和屏蔽，于生活之中增一丝科学情怀!

【解析】首先来看文章中出现的对比论证：开头便运用了几个简短有力的短句，做出了对比——明星和科学家被大众关注的对比。之后找到本质，明星和科学家被大众关注的对比实质上是选择“大我”或者“小我”的对比。接着通过社会现象来正反论证——人们对科学成就的选择性忽视和对娱乐新闻的极度热情。而行文逻辑上，通过对比引出文章探讨的问题，找出问题的本质，再通过正反论证的形式论证这个问题的本质，增强说服力和论证的严密性。最后后退一步，承认“我们可以关注娱乐明星，但是更应该给予科学家更多的关注”，并且提出了一个解决方法的案例——通过加大对科学成果的媒体宣传，提高人们对科学家的关注度。

层层递进的逻辑，高阶挑战让你走向作文巅峰

“递进式”是指文章各层次之间层层深入、步步推进的关系，表面看来也有几个分论点，但它们之间的关系不是并列的，在进行论述时每一层的认识由低到高、由浅入深，仿佛上楼梯般，使论述层层深入。各层的前后顺序有严格要求，不能互换顺序，不能随意改动。递进式也是议论文写作中经常使用的一种结构方式，并且比我们之前讲到的并列式和对比式都要更难一些，对写作者的要求也更高。递进式的结构因为内部有逻辑顺序在，因此一旦写好，光彩必现。可以说，这是一种更为高阶的成文结构，如果掌握好，一定能为文章助力不少，你离55分以上的作文就只差后续章节中提到的素材补给与语言提升啦！不过，也建议同学们不要过于心急，写作之初最好先根据前面所掌握的基础框架细心钻研模仿，一点一点慢慢进步。

从"是—为—怎"三部曲说起

"是什么、为什么、怎么办"的论证框架源于哲学三部曲（是什么、为什么、怎么办）。即在回答哲学问题时，往往采用这样的三个步骤：一是先回答所涉及的哲学概念的含义，即"是什么"；二是运用这个概念或原理的哲学依据，即"为什么"；三是在明确哲学依据后，针对所涉及的现实问题，采取什么方法去解决和处理，即"怎么办"。

我们说"提出问题→分析问题→解决问题"的思路与框架，也就是通俗地讲"是什么→为什么→怎么办"这样一种思考模式。"是—为—怎"结构的分论点先后顺序不可调换，需要层层深入地加以论述，从而证明中心论点的正确性。

"是—为—怎"是高考议论文的最佳构造模式之一，几乎可以运用于任何一个论述主题。对其论述结构再进一步简化明确的话，可以这样说——

①提出问题——是什么？——现状、定义

②分析问题——为什么？——原因、益处

③解决问题——怎么办？——方法、行为

1 是什么

其一，对于传统的新材料作文，一个论证主题是什么，要对论证主题进行解释、说明、下定义，同时可以引用他人的话来论证观点。如2014年江苏卷：

有人说，没有什么是不朽的，只有青春是不朽的；也有人说，年轻人不相信有朝一日会老去。这种想法是天真的，我们自欺欺人地认为会有像自然一样不朽的信念。

其二，对于时事评论类型的作文，可以对题目中给定的新闻热点进行现象的阐明描述，并由对现象现状的阐述引出自己的观点和论证主题。如2015年重庆卷：

一个刚上车的小男孩让公交车等下他妈妈，过几分钟，妈妈还没到，车上乘客埋怨，这时残疾妈妈拖着腿上车了，所有人都沉默了。考生按照这个材料进行发挥。

论述主题 勇气

勇气是一种来自内心的精神力量，是我们不断向前的动力和面对挫折及困难依赖的源泉。勇气是眼睛，看出心中的愿；勇气是手，敲响成功的门；勇气是嘴巴，唱出心中的梦。

对勇气下定义，解释什么是勇气。

勇气是李白无畏权贵时“安能摧眉折腰事权贵”的高呼呐喊；勇气是杨延昭战场杀敌时“拥旌一怒千军骇，瞋目三关万马嘶”的万夫不当；勇气是岳飞精忠报国时“壮志饥餐胡虏肉，笑谈渴饮匈奴血”的豪言壮语。

运用排比和引用的修辞手法进行是什么的论述。

练习

仿照上文，请以“爱国”为论述主题，参照上面给出的形式，结合自己的理解，写出一段关于“爱国是什么”的内容。

解析

方法一：比喻

爱国是一面旗，是在沙场上的战士内心坚定的目标；爱国是一首歌，是每周一清晨校园里回荡的稚嫩童声；爱国是一枚徽，是无数共产党员和共青团员内心的永恒追求。

方法二：多事例并列且引用

爱国是文天祥“人生自古谁无死，留取丹心照汗青”的情操；爱国是屈原的“亦余心之所善兮，虽九死其犹未悔”的决心；爱国是范仲淹“先天下之忧而忧，后天下之乐而乐”的奉献。

方法三：多事例递进且引用

爱国是政治黑暗时屈原"亦余心之所善兮，虽九死其犹未悔"的无怨无悔，是山河破碎时谭嗣同"死得其所，快哉快哉"的振臂一呼，是岁月静好时王继才"家就是岛，岛就是国"的默默坚守。

政治黑暗、山河破碎与岁月静好之间形成递进关系。

2 为什么

"为什么"就是讲论证中心有什么好处，有哪些原因值得你去这么做，同时举出事例（谁这么做了）。

论述主题 兴趣引领着人们前进

是兴趣，让科比甘愿在凌晨四点起床独自在球场训练，终成一代飞侠。是兴趣，让马尔克斯面对同行的嘲讽和当局的迫害坚持写作，才有了震惊文坛的《百年孤独》。是兴趣，让只有十四岁的泰勒·威尔森在专业人士的不屑与嘲讽中完成了核聚变实验。所以，是兴趣，引领着人们前进。

因为兴趣可以激发一个人的求知欲。岩田聪是前任的任天堂总裁，他曾经主持开发了《超级马里奥》等一系列红遍全球的游戏。很小的时候，他就表现出了在电子游戏制作方面的兴趣。在大学期间，岩田聪很想学习关于视频游戏制作的知识，但老师并没有讲授相关课程，他就自己选修了一些工程及早期电脑方面的知识，为他以后的游戏制作打下了基础。是兴趣，激发了岩田聪的求知欲。

因为兴趣可以带给人坚持下去的勇气。中国球王丁俊晖的台球之路并不平坦，虽然他很小的时候就展现出了出色的台球天分，但是他曾经无数次地被低迷的状态影响。有一段时间，早已成名拿过世界冠军的他在参加的各种比赛中都是一轮出局，他曾经想过放弃，但是对台球的兴趣给予了他坚持下去的勇气，他积极地采用各种办法调整状态，终于重新回到了巅峰。

练习

仿照例题的模式，以“祖国成长，青年担当”为论述主题，写一段关于为什么说祖国成长需要青年的担当的论述，并适当举出事例。

解析

①是青年担当，让张载少时就立下“为天地立心，为生民立命，为往圣继绝学，为万世开太平”的人生准则；是青年担当，让周总理在学生时期就树立了“为中华之崛起而读书”的志向。

②青年担当为国家的成长夯实物质基础。钱学森先生放弃了美国高薪职位的优厚待遇，毅然选择回到当时科技并不发达的祖国，挑起中国核武器发展的大梁，成功完成了“两弹一星”的任务，提升了我国的国防实力。他的担当使中华民族傲然立于世界民族之林。

③青年担当为国家的成长注入精神动力。顾炎武在那个战火纷飞的年代热血高呼“天下兴亡，匹夫有责”。作为明清时期儒学新发展的代表人物，他极大地提升了人们的国家意识和民族精神。他的担当在中国近代思想史上发挥着不可估量的作用，为中国近代化的推进，以及中国的成长做出了巨大的贡献。

3 怎么办

“怎么办”就是在讲做法，在说行动指南，在号召大家一起这么做。

论述主题 祖国成长，青年担当

“祖国成长，青年担当”，对应第三部分“为什么”。青年应该如何去担当，才能撑起祖国的成长未来？

一代人有一代人的际遇和机缘、使命和挑战。我们与新世纪的中国一路同行、成长，和中国的新时代一起追梦、圆梦。阅读书籍，增长见识，让我们对自己和自己的祖国有了更加深入和全面的了解。只有对自身的发展状况和祖国国情有了较为全面的了解，我们才更能肩负起时代对我们青年的嘱托和期望，我们青年才更能担当得起发展祖国、振兴中华的大任。我们要紧跟时代，砥砺前行，担当起青年应该肩负的重任，怀揣中国梦一路高歌！

这一部分与上文中“是什么”“为什么”部分的论述便可以构成衔接的两大段——从“是什么”层次过渡到“为什么”“怎么办”。有了这样的逻辑架构，还怕想不出话来写吗？

练习

请以“与时代同行”为主题，按照“是—为—怎”的逻辑结构写三个分论点。

解析

方法一

是什么：与时代同行，就是要完成自我更新，紧跟时代步伐。

为什么：与时代同行是创新并付诸实践的必然要求。

怎么办：与时代同行，需要我们齐心协力，并肩奋战。

方法二

是什么：更新自我，活在当下。

为什么：时代在行，我们同行。

怎么办：适应时代，勇于创新。

尽赏自然，尽得清欢

一考生

苏轼有言：“人间有味是清欢。”漫赏春光，流连山水，春有百花秋有月，夏有凉风冬有雪。何必局促一室之内？品味自然的滋味，亲近自然，投身明丽山水、如画风光，尽享生命清欢。

怡情自然之乐，遍赏山水，自古已有文化渊源。东晋谢公隐于东山而不仕，会稽秀丽山水中留下他潇然背影，如同凝成一支笛曲，悠然回响于林间。宋代雅士林逋亦曾言：“山水与我情相宜也。”文人墨客总有牵挂心中的山水情怀，山水为伴，生命在其中找到了文化共鸣与深长情谊。

亲近自然，感悟自然，从中获得的是心灵的洗礼与灵魂的丰盈。王摩诘隐居终南，行到水穷处便坐看云起，偶遇林叟便谈笑无期，与清风明月共修炼，与花草虫鸟悟菩提。他在自然界的花开花落中，品味出生命的浩瀚博大，获得人生的彻悟，再无烦恼困顿，灵魂纯粹而明净。自然便是如此玄妙，看似无法渗透，实则身处其中，便能获益无穷。喜马拉雅山下的不丹王国，一片藏传佛教深入人心的土地，人们深信自然有灵，皆与自然和睦而居，在这里只有纯净的山水滋养人心，人们接受明媚阳光最无私的馈赠，脸上洋溢着安宁的笑容。自然，其实触手可及，每个人都能够对话自然，感悟自然的无限生机与平静安宁，灵魂自然受到洗礼，这正是自然最美好的馈赠。

投身于自然，用心去感知，用心去触摸，身处其中，这本身更是一种积极的生命姿态、一种高雅的精神美学。福楼拜曾写信致女友："我拼命工作，按时看日出……"惜时如金的世界大文豪竟将晨曦之降视若盛世，按时静赏。原来，当那晨光穿过天幕，仿佛朦胧如蛋壳白的天空，是一天中最新鲜纯净的时刻。静坐窗前，那是自然对生命的致礼。正如王开玲所说："做精神明亮的人。"亲近自然，每一缕晨光的意义，代表着自然的张力与生机。感悟品味，生命接受自然的赠予，岂不是一种积极的生命姿态、一种明亮乐观的精神美学？

现代社会的纷扰喧闹中，人们更应走进自然，投身自然，让自然之美洗去浮华与疲惫，诗意地栖居。王国维曾说："入乎其内，故有生气；出乎其外，故有高致。"跳出世俗浮华，摆脱生活的烦恼与疲惫，投身自然，寻觅生命最纯粹的本色、最本真的格调，尽享尘世清欢。

春风飞扬，春意浩荡，又是一年春光明媚，岁月在春色中苏醒。愿亲近大自然，遍赏春光烂漫，生命芳香弥漫，清欢相伴。

【解析】我们分析一下全文的逻辑结构。

开头：第一段，由苏轼的名言解释尽赏自然、尽得清欢，引入话题，暗扣题目

中间：第二段，解释自古已有文化渊源（为什么）

第三段：能获得心灵的洗礼与灵魂的丰盈（为什么）

第四段：投身自然，用心触摸（怎么办）

第五段：跳出世俗浮华，寻觅生命本色（怎么办）

结尾：呼应开篇

建议大家下次写作文的时候，"强迫"自己尝试一下"是—为—怎"的行文逻辑，并且在动笔之前先构思好自己的文章结构，像上面的分析一样先将自己的框架列出来，再思考各个主题段落可以用什么样的素材——这套流程熟练后，列举文章框架可以做到只用5~10分钟，但是后续可以做到行文如流水，在35~45分钟之内把文章写完。当然啦，再啰嗦一句，后面的素材与语言章节也要坚持熟练掌握哦！

"由小到大"的递进式

基本上，掌握了"是—为—怎"的逻辑结构便可以"闯天下"了，但是为了给大家提供更多的选择，就再简单看一下"由小到大"的逻辑吧！

其实，"由小到大"在之前的黑科技里面已经出现过很多次啦！通俗来讲，最经典的例子就是从个人到社会到国家。对应到具体的行文构思里，跟"是—为—怎"的逻辑结构一样，这样的层进式逻辑结构有其天然的优异之处：在挑素材的时候，这样的逻辑指导你首先从个人层面挑典例，再从社会层面挑典例，最后从国家层面挑典例。是不是比无头苍蝇式地想自己有什么素材储备更加简单呢？

百搭运用训练

论述主题 尊严与灵魂

中心论点即为尊严是万物之精灵、灵魂之倚仗。那么，我们可以从“由小到大”的角度进行思考，例如，三个论点可以分别是：尊严是人的灵魂；尊严是民族的灵魂；尊严是万物的灵魂。根据以上三个论点，我们将其扩充为几段完整的段落：

尊严是人的灵魂。徐悲鸿说过，“人不可有傲气，但不可无傲骨”。傲骨之源，来自生命的灵魂。正是源于人本性中的正直与大气，尊严才会如此坦荡。我不免想到了晏子使楚的故事，他的处变不惊、南橘北枳的雄辩赢得了楚王的赏识，他实现了自身的价值。在这位出色的外交家的灵魂中，如果没有傲然之骨，怎会有不卑不亢的凛然之词？所以，尊严是人的灵魂。

尊严是民族的灵魂。无论是燕赵小国义不赂秦战败而亡的气魄，还是抗日战争中华夏民族在危难之时发出的不屈的呐喊，一个民族立于世界之林的灵魂由此体现。那是坚守节义、宁为玉碎不为瓦全的驻守，那是矜持地立于世界之林的雄壮。毋庸置疑，当一个民族的灵魂不存时，这个民族也将不复存在。她的灵魂不仅来自四海之谋臣、天下之奇才的智慧，更来自贤士豪杰每一份不屈的情怀。正是他们的每一分付出，才使一个民族捍卫她的尊严之魂！

尊严是万物的灵魂。尊严看不见、摸不到，却得以在万物之中处处体现。那是梅开林间的傲骨、零落成泥的余香，那是《赤壁赋》的豪迈、《石灰吟》的清冽，那是不为五斗米折腰的傲然、归隐田园的清高，甚至那是负荆请罪的勇敢、逆流而上的执着……万物的灵性，就在于那块沉稳的磐石，在于那道刺穿黑夜的曙光——尊严。

练习

请以“捍卫母语，珍爱母语”为论证主题，仿照上述模式，写出三个由小到大的分论点。

解析

捍卫母语，珍爱母语，是我们每一个青年的责任义务。
捍卫母语，珍爱母语，是推动社会健康发展的力量源泉。
捍卫母语，珍爱母语，是祖国繁荣富强的根本基石。

腹有雅量气自华

—考生

我喜欢门外的那条河。它平和静谧地流过时光，将所有的杂质一一沉淀，白云苍狗之间，仍清澈见底。偶有桀骜不驯的一次，人们为它加固堤坝后，它就继续温顺地滋润农田。

河流有如此雅量，那些被《咬文嚼字》指出错误的作家又何尝不是如此呢？雅量，是一种直视错误的大气魄，是一种虚心聆听的大胸襟。有雅量的人，可通往精神的罗马，可到达花开的彼岸，亦可安然走过黑夜里的山路。

直视错误，腹有雅量，气自芳华！

金銮大殿上，群臣惶恐，惧怕天威。她读完骆宾王将她骂得狗血喷头的《讨武檄文》后，莞尔一笑，大赞此人才华。臣子们面面相觑，她却责备宰相不能早日发现这一人才。

这是何等的雅量啊！面对批评和指责，作为天子的她不仅不愠，反而欣然接受。她敢于直视自己的错误，如玫瑰般铿锵的她从不为自己歌功颂德，而为自己留下了一块无字碑。她深知，无字，方能不朽；无言，方能万言！

雅量，让一代女皇，托起日月当空！

滚滚长江东逝水，是非成败转头空。而雅量，却如同那幽谷芝兰，香飘千年，至今仍在。

坚净斋里，他挥毫泼墨，一横长城长，一竖字铿锵。“诗思清深诗语隽，文衡史鉴尽菁华。”启功先生就是这样一位大师。他有着博大精深、无所不容的学问，也有着俊秀洒脱、卓尔不群的书法。但即使如此，他仍常常虚心请教于人。每当别人指出他的不足时，他便欣然如一个得到礼物的孩童。这便是雅量。对待不足敢于直视，胸怀如天地广。

雅量，让一代大家山高水长！

雅量让铁凝与莫言真挚感谢为他们挑错的人，让他们的作品更上一层楼。于人如此，于国家，未尝不是如此。

遥想百余年前，鸦片战争的炮火攻破了我“天朝上国”的美梦，我泱泱大国就这样跪倒在《南京条约》之下。但是面对闭关锁国的错误，我们敢于直视，敢于面对。

于是，有这样一群人站了出来，他们以年华为桨，涉万里河疆。自此，辛亥革命的旗帜飘扬在祖国的大江南北，井冈山的杜鹃开出血与火的颜色，南海边的渔村也天翻地覆，北京奥运火炬点亮中华……

雅量，让一个民族屹立东方！

而我当代青年，更要直视错误，虚心改正，不计过往，意气风发，铿锵前行，因为——腹有雅量气自华！

【解析】分析一下这篇文章的“由小到大”递进式逻辑：
分论点一：雅量，让一代女皇，托起日月当空！（个人层面）
分论点二：雅量，让一代大家山高水长！（个人层面）
分论点三：雅量，让一个民族屹立东方！（国家民族层面）

这篇文章运用了从个人到国家民族的递进逻辑，其中个人层面举了两个例子。当然，读者们在实际写作练习的时候，也可以将第二个个人层面改为多个“大家”，也就是让第二个个人层面变为一个特定的群体层面，对应的素材可以用排比式，将多位文学名家的雅量展现出来。

除了学习行文逻辑之外，还可以注意一下这三个递进分论点里面的语言结构：对于分论点一，作者用到一个四字词语“日月当空”；对于分论点二，作者用了“山高水长”；对于分论点三，作者用了“屹立东方”。可以看出，作者在语言设计上是费了很多心思的，这样的设计便从语言上给整篇文章提升了一个档次，替代了普通的“大白话”。

在运用排比式语言之外，对于分论点语言的组织，还可以考虑用一些其他的方式：

方法一：引用。用三句不同名人说的名言构成三个分论点，同时这三个名人事迹便可以作为这三大段的素材。这对读者们的素材积累要求比较高，在逻辑结构、素材运用与语言美化三大板块的综合运用上也需要做到十分熟练。也许接下来的两章会给你带来更多的思考和启发。

方法二：比喻贯穿。在此举一个例子，假设面对一个“励志走向成功”的作文主题，那么将最终的成功比喻为鹏（高考必背古文之庄子《逍遥游》中的形象），再结合自己的合理想象——鹏展翅而飞之前，经历了从幼年到“鲲”再到“鹏”的转变——就构成了递进式的逻辑架构，分别对应从初升或挫折到初露头角最后到大展宏图的成功历程。具体呈现在作文中便是：

分论点一：鹏抟扶摇而上者九万里，然而，它从生命的萌芽到成长为称霸一方前，曾经历了无比漫长的酝酿与等待。（说成大白话就是：人在获得成就前需要诸多准备与付出。在论证中需要用到具体的名人在成功前落魄期的素材。）

分论点二：鲲之大，不知其几千里也，然而，即使它已称霸一方，也不曾忘记它负青天的最终梦想，于是，它继续无言地耕耘。（说成大白话就是：

即使小有成就，也要保持谦虚，不忘初心，继续前行。在论证中需要用到具体的名人在获得成就后仍然谦以前进的素材。）

分论点三：最终，皇天不负有心人，鲲出水而为鹏，绝云气，负青天。（说成大白话就是：经过不懈努力，突破重重障碍，终于获得了成功。在论证中使用具体名人最终成功的素材即可。）

建议大家在之后的写作中有意识地运用这些方法思考。平时多思考，考试写文章才能熟练，才能一气呵成。接下来，我们就一起开启素材与语言的提升旅程吧！

黑科技解密 1

建立素材逻辑——同样的素材，为什么他写起来比我高级

黑科技解密 2

告别“屈原”“陶潜”“司马迁”，小众又高级的人物素材这里找

黑科技解密 3

听说“中华传统文化”是个长效热点，经典素材哪里找

黑科技解密 4

辩证看生活，敏锐察时政，最万能的素材其实就在我们身边

黑科技解密 5

墨菲定律/蝴蝶效应……哪些跨学科理论一放到作文中就显高级

学长说说说

Q 学长，我在阐释论点的时候总在说空话，想不到可以运用的素材，我该怎样才能在考场上做到旁征博引呢？

A 对于说空话，其实也分两种情况。第一种是“肚子里没有货”，即平时没有注重积累素材，没有建立素材库的意识；第二种是没有使用正确的积累方法，即有意识地去收集素材却东一个、西一个，不能很好地进行归类，以致在“输出”的时候脑子里一片混乱。

Q 素材库？听起来好像很厉害的样子，可我积累的素材很有限，感觉不知道从哪里去寻找合适的素材，我该怎么做？

A 其实，素材的来源非常广，从课内古文到课外杂志，从《新闻联播》到微信公众号，甚至让你的文章瞬间高级的跨学科理论素材都是素材的来源地。以下的黑科技解密文章将会更加详细地介绍优质素材的具体来源，保证你以后就不愁找不着素材啦，反而是轮到你去挑选它们，让它们更好地服务文章。

Q 学长，我有时候即使搜集了不少素材，在考场上也不知道如何让它们为我的文章服务，或是引用了也像在记流水账，我看别人和我运用同样的素材却能写得十分深刻。这该如何解决呢？

A 先说说第一个不知道如何为文章服务的问题。其实，搜集素材最需要注意的就是分类意识。搜集素材也是很有讲究的，不能盲目搜集，不去整理分类。我比较推荐的分类方法是按人物、传统文化与生活时政来分类。具体原因和好处会在下文中详细提到。而对于第二个问题，如何才能把素材引用得“高大上”呢？一方面是素材本身质量的原因，另一方面则取决于你的语言对该素材的修饰及驾驭能力。在以下文章分析中，我都会提到，小众、高格调的素材哪里找，以及如何将相同的素材写得比他人更高级，快快往下看吧！

XXXXX

建立素材逻辑——同样的素材，为什么他写起来比我高级

我们常说，一篇优秀的议论文需要做到“有理有据”。“有理”主要体现在前面审题立意、框架搭建的部分，你的文章论述的观点和道理要明确，要切合题意，也要新颖独到。“有据”说的就是论据的充实、素材的融入。素材绝对不仅仅是给你的文章增加字数用的。用好素材，是要让文章的观点更有力量，道理更加深刻，论述更加完整，语言更加高级。一篇能够旁征博引的文章，会比一篇干巴巴地扯大道理的文章高出好几个档次。积累素材绝对不是从素材书上或者是网络上抄下一条一条的名人名言、哲理故事之类的就万事大吉了，也不是一件可以通过突击背诵来解决的事情，能够真正做好并且用好的同学其实非常少。接下来，我将带大家分析如何才能建立好一套素材逻辑。

读书不多≠与好素材失之交臂

一部分读者可能会说："我自从选了理科以后就没怎么看过课外书了，写作文也憋不出什么东西来。"

这个说法实际上有很多漏洞。首先，想要拓展知识面、提升自身的语文素养，看课外书是必然的选择之一，学理科也不能成为借口。其次，看课外书可以锦上添花，但看课外书绝对不是写好作文的必要条件，因为就算你真的什么素材也没有积累，靠自己的观点和分析也是可以写出文章的，只是可能写出来的效果不是很好。最后，如果只有看课外书才可以积累素材的话，高三每天学习任务非常紧张，同学们难道就没有办法进行积累了吗?

这里要说到的第一个观点就是：积累素材和看课外书之间确实紧密相关，但并不是绝对挂钩的。

在你有时间、有兴趣的条件下，通过看课外书获得的知识印象会更加深刻，用起来会更顺手、更贴切。不过，这对你理解思考总结和记忆的能力有更高的要求。对于高一、高二的同学，我认为是有条件而且有必要大胆地去多读书、多涉猎的。从积累素材的角度看，读书的重点可以向你自己的写作风格倾斜。如果你是偏向说理的文风，就可以多看时评，多去看一些社科类的书籍。如果你是偏向文艺范的，就可以多看一些名家的散文杂文、一些古典诗词。当然，也不能过于局限。

可以肯定的是，脚踏实地是最稳健的办法，毕竟我们不能奢望用几天、几个月的时间去掌握别人几年甚至十几年读书积累下来的能力。

但是，对于还有几个月就要参加高考的同学来说，时间非常紧张，自己的积累又不算多，这种情况又如何解决呢?我们没有大块的时间去看书，就可以利用零碎的时间去浏览一些新闻，不管你是刷微博、看知乎，还是读《人民日报》《南方周末》，都有可以吸收的内容；我们的素材比较匮乏，就可以用专题、分类的形式进行整理，针对高考作文的特点进行突破，以达到事半功倍的效果。

积累素材，从哪里入手

我们可以把积累素材的方向分成两个，一个是艺术与文化类，一个是生活与时政类。

在艺术与文化方面，我们可以围绕书、影、音来展开，这里说的主要是一些著名的文学作品以及它们的创作者。

在积累和文艺作品相关的素材时，我们要特别注意三个“度”，即角度、尺度、限度。

1 角度

当我们面对一个文艺作品的时候，不管是书籍、影视还是音乐，我们都可以从以下这四个角度来挖掘它。

首先是作品本身。这个作品本身传达了什么主题、观点、态度？这个观点或态度你是支持还是反对？它有没有可能成为你以后某一个写作论点的支撑？这个作品的主题又是怎样被表达出来的？它是被正面展示还是被侧面烘托？它看待问题的视角够不够独特，是不是可以被我们借鉴？

其次，我们可以去了解这个作品背后的故事，也就是它的创作背景。一个时代的作品一定会沾染上一个时代的底色——它的风格是明朗还是悲凉，是清晰还是浑浊，毕竟是和那个时代的特色以及作者本身的经历密切相关的。

接下来，我们还可以思考，这个作品产生了什么样的影响？它带给你怎样的启发？在一定的时代背景下，它有没有在社会上甚至历史上留下痕迹？也就是说，这个作品有没有产生它相应的社会影响？

最后是关于作品与人。这就延伸出另外一个方面的积累对象，也就是人物。书有作者，如果是小说，那就还有书中的典型人物；影视、戏剧，有导演、编剧、演员以及剧中的角色；音乐和歌曲，也有演唱者或者词曲作者……这些作品中的人，或是隐藏在作品背后的人，都是值得我们去挖掘的。这样一来，我们的眼界就会变得宽广很多。

2. 尺度

我们分析作品的时候，就像拿着一个可以调节的放大镜，既可以远远地观望，去看作品与人的联系、与环境的联系等这些比较宏观的东西，也可以稍微放大一点，去看作品里面的结构、情节与人物，那些人物在面对冲突的时候是怎样做出选择的，以及他们在做这个选择的时候体现出来的精神品质。从这些人物身上，或许我们也可以看出一个大时代的变化和发展。

再放大一点去看更微观细节的东西，我们可以发现一些优秀的语言表达——文章里面经典的段落、影视剧里的台词、歌曲里的歌词……我们可以直接引用，也可以模仿其风格进行化用。细心一点的同学还可以去分析作品的创作手法和其他细节。说到这里，我们就会发现，很多同学平常积累素材时，实际上跳过了宏观和中观这两个非常重要的尺度，其实这是漏掉了很多东西的，十分可惜。

3 限度

“限度”是我们选择材料时的一些考量。我们要把握好小众与大众的限度、一般与特殊的限度、绝对与相对的限度。

很明显，大家都懂得要有意识地去避开那些已经烂大街的东西，但是我们也不能过分追求小众。要知道，太过于小众的东西，你是没有办法在文章里用三两句话就解释清楚的，更不要说用它来佐证你的观点。我们可以去发掘一些小众的人物，也可以选择知名作家相对不常见的作品，也完全可以把相对旧的东西挖掘出新的内容。

我们用鲁迅来举个例子。这个人物应该算是家喻户晓的。大多数人如果作文写鲁迅，大概率会这样写：写他是一名伟大的思想家、文学家；写他家道中落，弃医从文；写他是一个民主战士。说到他的作品，就只知道《狂人日记》《孔乙己》《阿Q正传》。

但是，只要你有心，你就能知道鲁迅其实还有很多其他可以挖掘的方面。只要稍微了解一下，你就能知道鲁迅不仅写了《呐喊》《彷徨》《朝花夕拾》，他还有很多其他优秀的、短小精悍的文集，如《热风》《华盖集》《准月风谈》。我们都知道鲁迅的《野草》，但是有多少人真的仔仔细细地读过这本集子？而只要你花一点点时间去读，你就可以在《秋夜》这篇文章中发现，一直被网民调侃的那“一棵是枣树，另一棵也是枣树”到底是什么意思；你也可以在一篇叫《墓碣文》的文章里读到“抉心自识，欲知本味，创痛酷烈，本味为何能知”这样震撼的句子。除了阿Q、狂人、孔乙己，你还会知道更多经典而且深刻，却被你的很多同龄人盲目排斥的一些优秀作品和人物形象……那些内容你完全不用担心你的语文老师不知道，也完全不用担心你三两句话解释不清楚。

以上种种，与其说你是在积累一些素材，积累一些你可能会在某一场语文考试写作文的时候用到的东西，不如说你是在拓宽自己的知识面，去破除以往的一些偏见，去了解更多我们原来不了解的东西。

一般与特殊，就是说你选择的东西要足够典型，但是也要足够具有普遍性，太极端的案例肯定是没有说服力的。绝对与相对，则是针对我们论述语言的把握而言，话不能说得太绝对，要保持一定的辩证性。

说完艺术与文化，再来看生活与时政。这是我们另外一个积累的大方向。在这里，我们先记住四个关键词：细心、辩证、敏锐和灵活。在后面的章节中，我们会有更具体的解读。

整理素材，注意哪些问题

我们刚才用一种“广撒网”的策略打开了收集素材的思路。接下来的问题是，当你没有信息可用的时候，你可能会不知所措，但是，当你面对很多信息的时候，如果不能够及时做好整理归纳，这些信息也会变成无用的信息。因此，整理素材的工作也十分重要。

整理素材要始终坚持两个意识：一个是分类意识，一个是应用意识。

1 分类意识

关于分类，我们并不太主张按“主题”来给素材归类（尽管很多素材书上会这么做），这是一种非常死板机械的归类方法。如果你没有整理到相应主题的素材，遇到这类文章的时候就没有东西可以写了吗？按照主题归类，会要求我们积累的素材越多越好、越广越好，但这样是不现实的。我们想要做到的，是一个素材能够在不同主题、不同类型的作文题目中都可以运用。

所以，我们在这里采取这种分类方法：第一个是人物，第二个是传统文化，第三个是生活与时政。这样分类，就非常方便我们整理。我们不需要去纠结鲁迅到底是属于爱国还是属于勤奋，只要把他当作一个人物就好了，然后我们可以挖掘他多方面的成就和特质。

若是人物，对于一个文学家或是哲学家，我们在看他的作品的过程中可以积累到经典优美的句子（名言警句）；如果他写过小说，我们可以去了解里面典型的人物，以及这个人物反映出来的精神特质。此外，也可以去了解他的观点与思想对于当时那个时代有没有产生什么影响……

反映我们中华文明古国上下五千年悠久历史的传统文化素材，既可以文艺小清新，也可以大气磅礴；它可以包括诸子百家的思想观点、一些哲学观念，也可以是一些传统技能及它们传承的故事……

生活和时政也是这样，你可以把它写得贴近生活、接地气，也可以以小见大，比如说用一些关键词来反映社会、反映时代、反映我们现在的大国风采等。

2 应用意识

素材整理的应用意识，我们用感受、发现、思考和实践这四个词语来解释它。

感受就是充分理解。你可以不用知道很多，但是你最好了解得比其他人更深入、更透彻。理解不深刻的东西用出来很有可能就是不恰当的。

发现就是我们要有更宽广的眼界，去发现一种内容更多的可能性。一个好的素材应该是能够被塑造的，它应该像一面镜子那样，能够投射各种各样的观点，能够被放到各种各样的文章中去。我们之前提到三种作文题目的类型：国家时事、社会话题和传统新材料。在国家时事类的作文中，我们需要的素材是有大格局、大情怀的；在社会话题这一类的作文中，我们想要的素材是比较接地气、比较有实践性的；在传统新材料这一类的作文中，我们用到的素材则可以更加丰富多彩、更活泼。这一切不是归结于你掌握了什么样的素材，而是归结于你怎么样去把你所掌握的知识更好地表达出来，怎么用更丰富的语言把它放在不同的情境当中。

有些同学会问：在积累素材时，我是应该直接把我看到的东西抄下来，还是应该理解以后再写自己的感悟呢？思考和实践就回答了这个问题。当你看到可以作为素材积累的一段原始的文字材料，是哪些标准决定了你要不要花上一些宝贵的时间把它记录下来？

你需要先思考刚才我们提到的那些角度——这个材料可以挖掘的视角够不够多、够不够新颖独特？想象一下你可能会在什么样的场景用到它？如果你觉得还不错，那么你就要对它进行一些适当的裁剪，也就是改编，让它变得更加方便记忆、更加容易使用。最好你可以写上一小段文字，假装你是在写一个作文片段，这样你的印象会更深刻，在考场上你也可以更轻松地把它回忆起来。

告别“屈原”“陶潜”“司马迁”，小众又高级的人物素材这里找

在大多数情况下，我推荐大家以人物为单位收集素材。因为如果你能对特定的几个人物进行足够深刻的挖掘，就够用了。换种说法，我并不推荐那种百度出来的“百搭名言100条”之类的“一锅炖”做法。事实上，只要人物选得好，从一个人物身上便可以同时收获多种不同类型甚至风格的素材。人物的名言名句，可以变通地化用其中灵活生动的意象来美化文章语言，也可以作为蕴含深刻哲理的箴言用于升华文章主题；人物的思想观点，既是我们写作过程中引用的绝佳素材，也是对我们写作思路的良好启发；人物的生平事迹，可以作为事例论据为文章论点提供支撑，也可以从中提取该人物的人生经验与教训、从中感受人物的生命与智慧……大家深度挖掘十个左右的高级小众人物素材后，就基本再也不用怕素材不够用啦。在这一节中，我们就通过一个具体的案例来尝试深度挖掘百搭人物素材吧！

案例研究

素材案例 英国哲学家 路德维希·维特根斯坦

1.名言

◆犹太人是一片贫瘠的土地，但在它单薄的石层下面，流淌着精神和智慧熔化的岩浆。

◆我贴在地面步行，不在云端跳舞。

◆先前的文化将变成一堆废墟，最后变成一堆灰烬，但精神将在灰烬的上空迂回盘旋。

◆躺在成就上就像行进时躺在雪地里一样危险。你昏昏沉沉，在熟睡中死去。

◆天才并不比任何一个诚实的人有更多的光，但他有一个特殊的透镜，可以将光线聚焦至燃点。

◆人在水中时天生就有上浮的趋势，只有通过努力才能达到水底，越往深处潜，阻力就越大，也越孤独——进行思考也是这样。

维特根斯坦的句子有一大共同点：意象丰富，比喻贴切。“地面步行”与“云端跳舞”，可以十分容易地与写作中常常遇到的抽象概念相对应；“潜水”的理论，可以用于说明苦心孤诣者的艰辛；可以用“躺在雪地里”这一比喻来警醒人们注意获得一点成就便骄傲自满的现象；“特殊的透镜”何尝不是我们观察世界的另一双眼睛?

在搜集人物的名言名句时，盲目摘录、大段背诵的做法是不可取的。所以，也请你不要再用一个又厚又大的笔记本来感动自己。

2.思想

- 凡能够说的，都能够说清楚；凡不能谈论的，就应该保持沉默。
- 对于那些不能言说之物，我们必须保持沉默。然而，在言说终止之处，世界将显现其自身。
- 当撒谎对自己有利的时候，我们为什么还要说实话？
- 根本上，问题不在于是否在所有情况下讲实话，而在于是否压倒一切地要求自己是真实的——是否应当不顾相反的压力坚持做自己。

在了解一个人物时，一个很重要的部分就是了解他的思想观点（尤其是人文社科类的著名人物），这和摘录名言名句的侧重点是不同的。人物的思想观点，一方面是他的人生观、价值观的结晶，一方面体现了他的个人品质和性格。了解这些，有助于我们对人物形成更完整的认识。

3.人物生平、逸事

成长于一个天才辈出的家庭，他幼时被视如平庸。①年轻时代的他按照父亲的意愿选择了机械工程的职业，却无法抑制对哲学的热情。对生命的责任感强烈折磨着他：如果生命不是用来奉献给一种天才的创造，那么生命有何意义？这感觉让他无数次绝望而欲自杀。②直至遇到罗素，才华和天赋获得肯定，这种绝望感才稍许缓解。

他有着忠实于内在自我的巨大激情。③在这激情的驱使下，一个年轻富豪顷刻间遣散万贯家财，剑桥最有前途的哲学家放弃了学术生涯前往奥地利乡间谋求一席乡村教师的职位，甚至在成为剑桥教授之后还时时渴望普通体力劳动者的生涯，不仅渴望，更付诸实践，身体力行；这激情令世间最深情的爱人苦于爱与欲的纠缠，为成全爱之纯粹而远离甚至伤害所爱之人。④同样的激情让这位当代最伟大的哲学家在晚年过着一种困窘的生活：没有收入，没有家，依赖朋友和弟子们过活，孤苦病弱，满怀爱的渴望和焦虑，而自己为之辛苦二十年的著作，在有生之年已看不到它的出版……

⑤他用一生的选择和实践去领悟哲学、体验哲学。⑥而他没有脱离现实，而是走入现实，感受现实，总结现实，如此才造就了他对自己的思想的不断修正，避免了极端与偏激，做到真实与实际。他是现代西方哲学发展的推动者，又是它的矛盾与危机的揭露者；他的思想既一飞冲天俯瞰众生，又在最平凡的日常穿梭往来。

（摘自豆瓣网）

这段《维特根斯坦传：天才之为责任》的书评是我们搜集整理人物生平事迹的绝佳范例。

首先，它用优美流畅且简洁明了的语言描绘出了维特根斯坦的人生轮廓：从少年求学到青年求知，再到用一生追求心之所向。其次，维特根斯坦足够戏剧化的人生经历也给我们留下了很大的思考空间。①句中的人生理想与现实选择令人深思：我们是否应该始终忠实于内在自我？②句中提到维特根斯坦与罗素的相遇，启发我们思考机遇与伯乐的重要性。从③句中，我们看到一个年轻人近乎疯狂的举动，甚至造成了④句所提及的无法挽回的伤害，他的选择是否应该被理解？然而，作为哲学家，他却是十分成功的，因为他既有深厚的学术实力，又有⑤句中强调的丰富的实践体验。从⑥句中，我们更可以感受到他“不断修正，避免了极端与偏激”的可贵品质……

淡定，其实没有那么难，对吧？

这样分析下来，我们便覆盖了许多在考场写作中会遇到的话题，从一个人物身上便可以挖掘出数十个可以应用的角度，是不是非常划算呢？如果你在收集整理信息的过程中对他产生了兴趣，不妨在课余时间把他的作品找来阅读，一举多得。

回到刚才所说的。搜集素材，不是盲目地复制粘贴或抄写。一个人物的生平事迹、言论思想在网络上可以找到很多，如果不加筛选、整理、改写，你得到的“素材”根本不能称为素材。你需要阅读理解、消化吸收，然后用你自己的语言进行概括，写出段落，这就是输出。只有经历过输出，这个素材才是真正属于你的、能为你所用的。

而这个输出的过程，如果不在搜集整理的过程中完成，难道要在考场上即兴发挥吗？

所以，不要偷懒，去读，去想，去写。按照这个方法，找到最适合自己的那四五个人，然后就可以让他们贯穿我们的很多议论文事例论证啦。

顺便，建议大家多多关注豆瓣上的一些优质书评和影评，很多时候它们可以为我们提供丰富多元的视角呢。

灵活应用，不落俗套

要想不落俗套，最重要的一点是名言本身没有被滥用。我想这不必多提，毕竟“屈原”“司马迁”“陶渊明”的时代早就应该过去了。

这里要提的一个重点是，能够在作文中巧妙应用的句子应该包含足够的、可供解读的意象。下面，我们通过一些优秀作文选段来体会何谓真正的“灵活应用”。

1 素材扫描

雨果在《悲惨世界》中写道：“人不是只有一个圆心的圆，而是有两个焦点的椭圆，事物是一个点，思想是另一个点。”作为“00后”的一员，站在新时代的路口，远方的城市与生活是我们追求的事物，乡愁则是我们思想的脊梁。

席琳·迪翁曾说："生活就像一架梯子，人们以为我在向上爬，但其实我在一步步向下走，走回我的根。"乡愁使我们的根扎得更深，汲取乡音乡情、传统文化的滋养，从而在忙碌的城市生活中长成一棵树，因为有所牵挂，所以更加坚强。

【素材分析】雨果的这句话提到"一个点""另一个点"，在文中作者用它们来代指"远方的城市与生活"和"乡愁"，巧妙地解释了二者都是人的"焦点"、二者缺一不可的关系。那么，这句话便也可以用在其他任何需要论证这种关系的作文中。在这篇文章里，对这句名言十分恰当的引用便为文章开头增添了不少亮色。

席琳·迪翁的话则为我们展示了连续意象使用的妙处。作者注意到了"梯子"这一意象的"双向性"，也就是说，在梯子上我们有向上和向下两个方向可以选择。于是，作者用"向上爬"来代指城市中的奋斗和发展，用"向下走"代指回到乡村，"根"则是找寻乡愁的深深情怀。最精彩的部分在于作者由向下扎"根"联想到树木的向上生长，引用内容便与后文中"长成一棵树"十分巧妙地联系起来。这样一来，这段话便有了更丰富的层次感和画面感，也显得十分流畅生动。

那么，这一组"梯子—向上—向下—根—树"的意象，除了乡愁，还可以象征什么？例如，做一件事情的初心、对传统文化的尊重和怀念，都是可以的。

所以，不仅要做到记住素材，更要学会发散思维，用语言进一步去解释、去包装，做到真正百搭。

2 素材扫描

周作人先生有言："社会不但需要粮食和药材，却也一样迫切地需要蔷薇与地丁。"比起作为社会基石但缺乏变化的"粮食"，或者在既定领域发挥作用的"药材"，我更愿意做心怀理想而绽放的"蔷薇与地丁"，在快节奏的大都市中开阔自己的视野和格局，闯荡出一片属于自己的新天地。

【素材分析】作者将“粮食和药材”解释为“作为社会基石但缺乏变化”“在既定领域发挥作用”，将“蔷薇与地丁”描述为“心怀理想而绽放”的形象，而这样的定义又巧妙地呼应了文章讨论的要点——选“蔷薇与地丁”还是选“粮食和药材”，其实就是选追梦的大格局还是选安稳的慢生活。

稍作总结，我们便可以提炼出“粮食和药材”“蔷薇与地丁”的解释要点——一方是现实、实用、物质，另一方是理想、浪漫、精神。这样，它们可以应用的范围便大大拓宽，几乎可以说是“万能”了。

3 素材扫描

“在既有生活之外相信多少的可能，便可以真切地关注多少身外世界。”简媜所言如此。诚如斯言，来自闭塞山区的清华女孩黄斐大学期间为了寻找更多可能，放弃特等奖学金，最终得以入选华盛顿中心实习生。同样，华裔青年安东尼拒绝父亲利润颇丰的农场经营，来到纽约顶级餐厅做洗菜学徒苦练厨艺，成为白宫首席大厨。由此可见，曾经他们的选择或许大异其趣，但在走向新兴都市的繁华路上，他们也使自己的人生价值臻于充实，光彩熠熠。

【素材分析】对于这段例文，我们首先要学习的是它的写作逻辑。我们可以从标题中得知作者的立场是“做时代弄潮儿”，即是要开阔眼界、挑战自我。于是，作者用简媜的一句话作为引子，带出“身外世界”和“更多可能”两个比较委婉的概念；接着用清华女孩和华裔青年安东尼两个简短的人物事例对此做了简单阐述；最后，直接明了地表达观点立场，说明在“新兴都市”“寻找更多可能”有助于提高人生价值。

具体看简媜的这句话，我们可以对其中隐晦的意象做出更清晰的对应和解释，方便应用到更多的场合。“既有生活”可以理解为能够掌控或改变的因素，“身外世界”则是不可掌控、改变的因素；我们所要相信的“可能”即理想信念、主观努力一类的东西。对于“枷锁”，我们可以有更多的理解：艰苦的、困难的条件当然是枷锁，像文中所说的“特等奖学金”“父亲利润颇丰的农场经营”这些原本优越的条件也可以是“枷锁”，这些“枷锁”是无形的，也许会成为阻挡我们探索更多可能性的障碍。

由此，一个非常简单的逻辑链条便建立起来。我们当然可以直接用自己的话来表达这个意思，但是如果在一众大白话之中出现这样一个清新优雅的引用，是不是瞬间就脱颖而出了？

最后一个应用要点有一定的难度，但是善于思考的同学应该可以从中得到很大的启发——温故知新，“恰到好处”地使用名言，寻找其创新角度。

听说“中华传统文化”是个长效热点，经典素材哪里找

面对近几年常考的国家时事类作文，我们在写作时若想在千军万马中脱颖而出，一方面要追根溯源，回归文化、回归历史，笔下的文字要有书卷气，要体现中华源远流长的民族历史和我们作为新世纪青年的文化自信，要有历史厚重感；另一方面要紧跟社会发展的步伐，要有新时代的新气象，要知道这个时代的风云变幻，了解这个时代各个行业的创新和发展脉络，感悟我国作为大国在世界舞台上扮演的重要角色，要有时代新鲜感。兼顾历史厚重感与时代新鲜感，则使得我们的文章古今脉络分明、层次丰富。那么，我们这一节要说的“历史厚重感”，正是来源于我们特有的中华传统文化。“中华传统文化”，是近几年来一直在被不断强调的一个很重要的主题，也是一个长效热点。那么，如何使其不仅为文章逻辑与内容服务，同时一箭三雕——再为语言服务呢？这就是本节我们将揭晓的内容。

关于“中华传统文化”，我们可以从以下几个角度来整理。

第一，中国古代经典的文学作品或理论思想。

第二，历史上的文化典故。

第三，传统艺术，如昆曲、京剧、国画、书法等。

第四，特色民俗和特色文化。

第五，中华民族自古传承的优秀精神品质，这可以从很多历史故事中总结概括出。

下面，我将选取两则材料来带大家感受如何将传统文化素材与写作论述相联系、相融合，如何从那些古老的智慧里提取契合当下价值观的哲思。这种类型的材料，既是绝佳的论据素材，也是美化文章语言的利器。

中国书法文化

1 选段

天下很多事，即使参与了，也未必懂得。

我到很久之后才知道，那些黑森森的文字，正是中国文化的生命基元。它们的重要性，怎么说也不过分。

其一，这些文字证明，中国人和中国文化已经彻底摆脱了蒙昧时代、结绳时代、传说时代，终于找到了可以快速攀缘的文化台阶。如果没有这个文化台阶，在那些时代再沉沦几十万年，都是有可能的。有了这个文化台阶，则可以进入哲思，进入诗情，而且可以上下传承。于是，此后几千年，远远超过了此前几十万年、几百万年。

（摘自余秋雨：《极端之美》）

【素材分析】从这段话中我们可以提取出“文化台阶”这样一个概念。什么样的事物可以比作“台阶”？是从一个阶段到下一个阶段的转化途径，是从较低水平到较高水平的提升标志……把“文化”二字替换掉，我们便可以把这个意象应用在很多不同的主题中。还记得本章黑科技解密2中提到的“梯子”吗？也许你可以从那个例子中得到灵感。

2 选段

其二，这些文字，展现了中华民族始终保持一种共同生态的契机。辽阔的山河、诸多的方言、纷繁的习俗，都可以凭借着这些小小的密码而获得统一，而且由统一而共生、由统一而互补、由统一而流动、由统一而伟大。

（摘自余秋雨：《极端之美》）

【素材分析】这段材料可以带给我们至少两方面的收获。

一方面，是文字自身的价值指向。“文字”还可以作为“统一”的概念。五湖四海的人们书写着同样的文字，便是拥有了同样的精神归宿。“文字”又像是“小小的密码”（多可爱的比喻），无论山河多辽阔、方言习俗多繁杂，只要输入这个密码，就进入了由中华儿女组成的大家庭，肉身获得归属，精神也有了去处。

另一方面，我们可以学习作者论述时流畅而有气势的排比句式。“文字”是论述的中心，也是起点，由文字指向“统一”，再由“统一”往四周发散开去，从“共生”到“互补”到“流动”到“伟大”，层层递进又各有特点。

3 选段

其三，这些文字一旦被书写，便进入一种集体人格。这种集体人格，有风范，有意态，有表情，又协和四方、对话众人。于是，书写过程既是文化流通过程，又是人格修炼过程。一个个汉字，千年百年书写着一种九州共仰的人格理想。

其四，这些文字一旦被书写，也进入一种集体审美程序，有造型，有节奏，有徐疾，有韵致。于是，永恒的线条，永恒的黑色，至简至朴，又至深至厚，推进了中国文化的美学品格。

我曾经亲自考察过人类其他重大的古文明的废墟，特别关注那里的文字遗存。与中国汉字相比，它们有的未脱原始象形，有的未脱简陋单调，有的未脱狭小神秘。在北非的沙漠边，在中东的烟尘中，在南亚的泥污间，我明白了那些文明中断和湮灭的技术原因。

在中国的很多考古现场，我也见到不少原始符号。它们有可能向文字过渡，但更有可能结束过渡。就像地球上大量文化遗址一样，符号只是符号，没有找到文明的洞口，终于在黑暗中消亡。

由此可知，文字，因刻刻画画而刻画出了一个民族永久的生命线。人类的诸多奇迹中，中国文字，独占鳌头。

中国文字在苦风凄雨的近代，曾受到远方列强的嘲笑。那些由字母拼接的西方语言，与枪炮、毒品和科技一起，包围住了汉字的大地，汉字一度不知回应。但是，就在大地即将沉沦的时刻，甲骨文突然出土，而且很快被读懂，告知天下：何谓文明的年轮，何谓历史的底气，何谓时间的尊严。

（摘自余秋雨：《极端之美》）

【素材分析】除了之前提到的学习角度（意象内涵和语言表达），我们还可以提取作者表达的基本观点，直接引用到作文里。比如以下：

“书写过程既是文化流通过程，又是人格修炼过程。”再对你所理解的“文化流通”“人格修炼”加以简单阐述，便可以形成一段道理深邃的论证。

“没有找到文明的洞口，终于在黑暗中消亡。”“文明的洞口”是通向教化、通向觉醒的精神之路。反观当下，我们是就此止步不前，还是要孜孜以寻通向文明更高境界的“洞口”？

“何谓文明的年轮，何谓历史的底气，何谓时间的尊严。”精彩的排比，可学句式，也可摘内容；用在开头，可开局面；用在过渡，可长气势；用在结尾，可升格局。

中国茶文化

中国是茶的故乡，也是茶文化的发源地。我在这里选取了一则与中国茶文化有关的材料，来自纪录片《匠心》。通过这部纪录片的解说词，可以初探中华传统文化素材的理解方法。

1 解说词

世间万物的起源都来自孤独。大到宇宙的开始，小到一颗种子的入土。几经浮沉，宛如三世，为与你更好地相遇，已在山中沉淀数百年。古树普洱茶，一口便尝尽了百年的味道。

曾经我以为，每天喝茶、品茶，便是对它喜爱的表现。当我偶然间读到一本书，我才恍然发现，我曾经对它的认知是多么浅薄。我决定放下杯盏，与它来一次真正的相遇。

“千秋同俯仰，唯青山不老。”古树仍在。如见故人。

【素材分析】怎样的行为才能真正体现对一件事物的喜爱？如果你爱的是一朵花，你会摘下这朵花还是为它浇水？记得某年北京卷高考题便是“深入灵魂的热爱”，这缕悠悠的茶香或许可以为我们的文章增色。

“放下杯盏”，即穿透表面，越过物质体验的层次，来到精神交流的世界。

“真正的相遇”，即追根溯源、浸入环境，与所爱之物有感同身受的体验。

2 解说词

古茶树是孤独的，曾被人遗忘，却默默地沉淀出自己醇厚的味道。每一棵都是不同的，所采的每一片叶子都是独特的，有着属于它们自己的故事。我不禁为我曾经与它产生的共鸣心生惭愧，我觉得人的七情六欲或许永远无法达到百年古树的宠辱不惊。

杯中岁月轻流，享受平静安和，美丽的邂逅，只有亲近所得。我爱茶，爱古树，爱普洱。我觉得与它相遇是我最大的幸运。树也是有感情的，与人一样，却比人更懂得付出。

【素材分析】由“古茶树”的形象可以联想到什么？我们可以把它作为一个比喻的对象。在形容一个人或者一个群体不懈地坚守着某种文化、传承某种技艺，或者是他们不追求眼前的名利，而选择用更长时间的默默努力来沉淀自己的时候，就可以说，他们就像山里的一棵古茶树，或许曾经被人遗忘，却宠辱不惊，默默沉淀出自己醇厚的味道。

所以，一棵古茶树，我们便可以赋予它坚守、传承、沉淀、宠辱不惊、付出等很多很多的品质，但当我们把它作为一个比喻的对象用到文章里时，我们最好只选择其中的一种来写、来突出，这样才不会让阅读者觉得不知所云。

3 解说词

风华是一指流沙，苍老是一段年华，悠悠然，漫步间，百年像是一场花开的时间。在巍巍无量山间，滔滔澜沧江畔，沉淀着一段悠久的历史，它曾被遗忘，却仍宁静自然。

普洱茶在历史上是粗茶，后在明末清初成为贡茶后最为盛行，深受人们的喜爱。这样的传承直到1949年停止，此后十年的时间内，传统手工石磨压制的普洱茶便基本消失了。

直到1990年后，这件事才发生了转变。酒香不怕巷子深，经过历史的打磨、时间的遗忘，普洱茶重新出现在了大家的眼前。时光带走的是记忆，却带不走迹忆。

普洱茶虽然沉寂了多年，但美好的事物因为值得总会再被想起。当时间的沉淀让它把更醇厚的味道在多年之后送与我们时，我终于明白为什么古稀之年的老人可以带给人宁静安和之感。

【素材分析】通过阅读普洱茶的故事，我们不仅能深刻理解它的特征，更可以在写作时将其运用为比喻、象征的对象。普洱茶文化经历过兴盛，然后经历了一个孤独的时期，最终又走入人们的视线，这样的由盛转衰再转盛的过程，其实也是人生旅程的缩影。如果想成功，不可以浮于表面，必须经过一些沉淀去品味孤独，毕竟成功的道路总是不像普通的道路有那么多人与你同行。孤独地走在这样一条路上，也千万不要失去信心，因为酒香不怕巷子深，只要你有了个人的沉淀，最终一定会取得成就。

“记忆”与“迹忆”的区别在哪里？真正值得记住的事物会留下痕迹，这种痕迹不一定以物质的方式存在，却一定能让后来者拾起。

在写作过程中，这种小小的文字游戏其实是很占优势的，老师看到的是你文字的呈现，这样的小心机可以给人眼前一亮的感觉。

4 辩证看生活，敏锐察时政，最万能的素材其实就在我们身边

无论是国家时事类作文、社会话题类作文还是新材料型作文，近几年来的高考作文都有一个趋势，就是越来越贴近生活、结合实际。这就要求我们的文章不能写成高悬于上的空中楼阁，而要跟紧社会发展的步伐，写出时代气息，写出时代新鲜感。在上一节分享了“历史厚重感”类素材后，我们这节聚焦“时代新鲜感”类素材。这样的新鲜感从哪里来？当然是来自生活，来自体验，来自我们时刻保持的思考的习惯和辩证的思维；同时来自我们无时无刻不在接收到的关于这个世界的一些信息，无论是政治的、经济的，还是其他方面。这一节内容主要分为两个部分：第一个部分是通过一些具体的案例来初步感知“辩证”的思维，有助于帮助大家培养在日常生活中积极思考的习惯；第二个部分主要涉及时事政治类素材的搜集、整理，这一类素材对于大家找到写“时评”的感觉会很有帮助。

生活辩证类素材

搜集生活辩证类素材要求我们时刻保持分析思考的习惯。一方面，我们的素材不仅仅来自书本，更来自我们对日常生活的观察；另一方面，生活是由种种现象构成的，而积极地分析思考才能够带我们看到它背后隐藏的深刻本质。培养初步的分析思维，大体上遵循两个方向：一个是思维的广度，我们顺着一个线索联想、发散到另一个，直到把我们掌握的信息连接成一张大网；另一个是思维的深度，要善于抓住关键信息，并对其进行更深入的剖析和判断。当然，这只是一个方向上的参考，把握了分析思维的技巧，我们的眼界会越来越宽广，思想会越来越深刻。

1 素材扫描

敦刻尔克大撤退并不是一次战役，甚至可以说，是被德军猛攻后的被逼逃亡，但这个逃亡，为盟军保存了日后反攻的主力，为将德意日法西斯最后送上断头台奠定了基础。或许敦刻尔克大撤退的决定刚刚做出的时候，会有大量的军人表示不解，甚至反对。在他们眼里，战斗，乃至是死亡，才是一名优秀军人的真正归宿。他们没有错，但有的时候，退却是为了更好地前进，为了取得更加辉煌的胜利。此外，蒙哥马利在扭转敦刻尔克大撤退的困局中，起到了扭转形势的作用，虽然他当时只是一名不起眼的师长，但历史给了他一个宝贵的机会，而他没有因为职位的低下而退却，相反凭借自己的才华抓住了这一机会，所以才成就了自己、成就了历史。

【素材分析】从这段文字中，我们可以提炼出以下几个信息点。

第一，是对一个事件从不同角度的看待。敦刻尔克，你可以说它是一场战役，可以说它是一次撤退，也可以说它是一场被逼无奈的逃亡。站在英国军队的角度，敦刻尔克不过是以失败的姿态走向成功的道路。我们可以说，不同角度的定义，也是对这个事件的价值不同方面、不同程度的认定。因此，我们评判一个事物、一次事件的是非、对错、成败的时候，应该善于找到不同的角度，这样才能对其有一个相对完整的认知。

第二，“退却是为了更好地前进，为了取得更加辉煌的胜利”。一名优秀军人的真正归宿绝不仅仅是某次战役的酣畅，还应该是为战争的胜利做出更全面的筹谋。人们常常将退却看作一种懦弱无能的行为，只有少数人可以打破这种思维定式，将眼光看向更长远的地方。在很多场合，退却并不是走了回头路，而是洞悉事物发展全局的大智慧。

第三，“抓住机会才成就了自己、成就了历史”。机会留给有准备的人，也留给会选择的人。不到最后一刻，一切都是未知。

时事政治类素材

2 素材扫描

我们先来看几则新闻报道。

报道一： 习近平总书记在报告中指出，青年兴则国家兴，青年强则国家强。青年一代有理想、有本领、有担当，国家就有前途，民族就有希望。中国梦是历史的、现实的，也是未来的；是我们这一代的，更是青年一代的。中华民族伟大复兴的中国梦终将在一代代青年的接力奋斗中变为现实。（2017年10月18日）

报道二： 每一代青年都有自己的际遇和机缘。我记得，1981年北大学子在燕园一起喊出“团结起来，振兴中华”的响亮口号，今天我们仍然要叫响这个口号，万众一心为实现中国梦而奋斗。广大青年既是追梦者，也是圆梦人。追梦需要激情和理想，圆梦需要奋斗和奉献。广大青年应该在奋斗中释放青春激情、追逐青春理想，以青春之我、奋斗之我，为民族复兴铺路架桥，为祖国建

设添砖加瓦。（2018年5月2日习近平在北大师生座谈会上的讲话）

报道三：近年来，围绕“一带一路”建设，我国出台了一系列重要文件，启动“一带一路”科技创新行动计划，为世界各国青年搭建合作平台、开通合作渠道、打造创业空间提供政策支持。在“一带一路”建设中，青年人肩负的责任重大、使命光荣。党领导下的各级组织尤其是青年组织要关心和爱护青年，为他们把握“一带一路”建设历史机遇、实现人生出彩搭建舞台。（2018年6月19日）

【素材分析】经过理解，我们可以基本把握青年精神的内涵：责任、担当、奋斗、梦想。

此外，我们还可以从新闻报道中整理出一些可以直接引用在作文中的句子。尤其值得注意的是2018年5月2日习近平总书记同北大师生座谈中的一句话：“每一代青年都有自己的际遇和机缘。”联系2018年全国卷Ⅰ高考作文题干中的“一代人有一代人的际遇和机缘、使命和挑战”，这种惊人的相似，我们是不是可以理解为一种疯狂暗示？

这一系列新闻报道都是围绕着“青年精神”这一主题。由此我们可以总结出：“青年精神”这一话题，几年以前就被提到，最近依然在重点强调，说明这是一个长效热点，值得重点关注。一些讲话原稿、新闻通稿里的表述，可以直接作为素材引用或化用。某些重复度高的词语、话语，应当深入思考。

因此，关注时政，就是把握方向。

最后给大家一个小福利，推荐一些值得时常关注的网站。需要关注的主要有两点：一是时事新闻，二是官方评论。关注主流价值观的导向，对我们的写作有益无害。

人民网：http://www.people.com.cn
人民网理论板块：http://theory.people.com.cn
人民日报：http://paper.people.com.cn
中国共产党新闻网：http://cpc.people.com.cn
中国共青团网：http://www.ccyl.org.cn

墨菲定律/蝴蝶效应……哪些跨学科理论一放到作文中就显高级

在作文素材积累的过程中，名人名言、社会热点、国家大事等往往是大家关注的重点，但去特意积累跨学科理论素材的学生并不多。一方面原因可能是大家平时接触的少，在作文中见到的也不多，认为没有必要；另一方面原因可能是大家对“跨学科”感到畏惧，认为自己会难以理解，或是无法将其与自身论点结合起来。当然，像社会热点、国家大事这些仍旧是我们收集素材的“主心骨”，但你若能适当掌握并正确运用跨学科理论素材，绝对可以让老师眼前一亮，更是让你的作文更上一层楼的资本。然而，能够恰当运用这类素材的考生可谓少之又少，它要求我们有更强大的积累库，同时需要有更精准的积累方向。本节黑科技将以六个跨学科理论素材为例给大家做分析。在理顺思路的同时，别忘了用小本本记下。当然，如果想更上一层楼，就要在学到积累方法后额外努力收集更多的相关素材。

在具体分析之前，先简要解释一下什么是跨学科理论素材、它的范畴是什么。从字面上大家都能理解，所谓跨学科理论素材即语文之外的科目的理论知识。这样好像很抽象，其实我们常用的、容易应用在作文中的主要就是社会学/心理学/经济学/管理学的原理。

1 素材扫描

羊群是一种很散乱的组织，平时在一起也是盲目地左冲右撞，但一旦有一头羊动起来，其他的羊也会不假思索地一哄而上，全然不顾前面可能有狼或者不远处有更好的草。因此，“羊群效应”就是比喻人都有一种从众心理，从众心理很容易导致盲从，而盲从往往会陷入骗局或遭到失败。

【素材分析】关于“羊群效应”的例子数不胜数。“一个人抬头看天空，到最后周围所有的人都在抬头看天空。”“网上购物对评价的依赖”“微博热搜”……其实在生活中，我们都不知不觉在实践着“羊群效应”。而“羊群效应”，我们也能从两个角度去看待它。

1.“羊群效应”某些时候在一定程度上是有益的。因为在信息不对称和信息爆炸的时代，参考别人的做法是风险较低的行为。并且由“羊群效应”所带来的示范学习作用和协同作用实则有利于社会中的弱势群体。

2.大部分时候，人们会在“羊群效应”中丧失自我。盲目跟从，没有自己的独特见解，缺乏独立思考能力，是当今人们普遍存在的问题。典型的例子就是媒体的煽动作用，不少人会被“带节奏”。

相信第一点是大家不太能想到的，第二点是常出现的，“拒绝盲从”“独立思考能力”等都是作文的常考点。下次在论证相关论点时，记得将对“羊群效应”的思考加进去，让作文内容更加饱满丰富！

墨菲定律

2 素材扫描

墨菲定律是一种心理学效应，由爱德华·墨菲提出。其原句的意思是：如果有两种或两种以上的方式去做某件事情，而其中一种选择方式将导致灾难，则必定有人会做出这种选择。墨菲定律的根本内容是：如果事情有变坏的可能，不管这种可能性有多小，它总会发生。近半个世纪以来，墨菲定律曾搅得人们心神不宁。因为它好像告诉我们，不论我们解决问题的手段多高明，事故仍旧会照常发生。但墨菲定律是在向我们传输负面情绪吗？答案是否定的。犯错误是人类与生俱来的，没有人可以永远避免犯错误。我们不必为此感到消极。

【素材分析】从墨菲定律中，我们或许会想到我们平时经常抱怨的安全教育讲座、安全消防演习等，认为这些预防手段没有必要，作用不大。在事故发生以前，我们往往会忽略预防措施的作用，最终酿成大错。那么，把这些道理运用到作文中，其实就有话可说了。不论是面对错误的态度还是对预防措施的重视，在作文中都曾考查过。

鸟笼逻辑

3 素材扫描

鸟笼逻辑被认为是人类无法抗拒的10种心理之一，是由一个心理学故事引出的效应。在房间最显眼之处挂一个美丽的鸟笼，过不了几天，主人必定会做出下面两个选择之一：把鸟笼扔掉，或者买一只鸟回来放在鸟笼里，因为这比无休无止的解释和说明要轻易得多。这就是鸟笼逻辑。

鸟笼逻辑的原因十分简单，即人们大都会采取惯性思维。在故事中，人们习惯性地认为，鸟笼必定是用来养鸟的。而在生活中，人们也往往受制于强大的习惯性思维。

【素材分析】在清楚了鸟笼逻辑的含义后，我们来做进一步分析。其实，鸟笼逻辑所对应的便是惯性思维。在一些时候，好的惯性思维是有利于我们迅速快捷地认知和适应这个社会的。但当人们把惯性思维用到各个角落时，惯性思维就成了一种刻板思维。它会限制我们的想象力，削弱我们的创新能力。如果陷入鸟笼逻辑当中，我们会成为墨守成规的人。

换言之，鸟笼逻辑给我们的启示很简单：要学会突破鸟笼逻辑、提防惯性思维，要敢于变通、突破传统观念，去尝试新的举措。

突破传统观念、敢于质疑权威、创新精神……这些都是我们作文中常会出现的论点，那么当你进行论证时，鸟笼逻辑会是一种与众不同的素材。

4 素材扫描

蘑菇定律是指初入世者常常会被置于阴暗的角落，不受重视或打杂跑腿，就像蘑菇培育一样还要被浇上大粪，接受各种无端的批评、指责，代人受过，得不到必要的指导和提携，处于自生自灭的过程。蘑菇生长必须经历这样一个过程，人的成长也肯定会经历这样一个过程。这就是蘑菇定律，或叫萌发定律。

蘑菇定律是20世纪70年代由一批年轻的国外电脑程序员提出的。如今，蘑菇定律被广泛用于心理学和管理学。心理学上对蘑菇定律的官方总结是：任何人，在成长过程中，都注定会经历不同的磨难，遇到各种荆棘。被磨难、荆棘击倒的人，就必须忍受生活的平庸；战胜磨难、荆棘的人，则能突出重围，拥抱卓越。

【素材分析】蘑菇定律虽好理解，但对我们的启发是多样的。

1.不向挫折妥协，勇于面对。

2.避免心高气傲，只有经过磨炼才能慢慢成长。

3.避免沾沾自喜。在受到赞美、获取小的成功时要谦虚，一步一个脚印才能走向更大的成功。

在命题作文中，命题者往往会为引导学生正确的价值观而考查“成长”方面的话题，这时，用上蘑菇定律是不错的选择。

卢维斯定理

5 素材扫描

卢维斯定理：美国心理学家卢维斯提出，谦虚不是把自己想得很糟，而是完全不想自己。

卢维斯定理看似简洁明了，但其道理不经过咀嚼是不好领会的。正如卢维斯所预料的那样，大多数人都陷入了谦虚的思想误区，认为谦虚就是在某方面把自己想得很糟。所以也常常会听到人们说“我这方面不行啊”“我怕拖后腿，还是算了吧”“我没有把握，就试试吧”。其实，这些话语当中都有“把自己想得很糟”的成分。有时候明知自己可以做到，也会如此表达，担心不这样会被扣上不谦虚的帽子。

【素材分析】那么，卢维斯对这种“虚伪的谦虚”的否定和批判，可以从哪方面给我们启发呢？

首先最好想到的当然是“谦虚”这一话题。从卢维斯定理中，我们可以对谦虚做这样的分析：

1.做人是需要谦虚的。如果把自己想得太好，把别人想得很糟，容易导致自负而无法得到进步。

2.谦虚也需要一个度。谦虚并非把自己想得很糟，这样容易失去信心，还会因不敢尝试而错过许多宝贵的机会。

3.要处理好谦虚的尺度。对待自己不懂的要虚心学习，而自己有把握的则要抓住显示才华的机会。

除了我们对谦虚的态度，其实卢维斯定理还间接地告诉了我们要秉持实事求是的态度。谦虚是人类美好的品质，实事求是同样是我们难能可贵的精神，这些话题在作文当中一定会有出现的机会，那么不妨用上卢维斯定理，让你的文章瞬间高级起来吧！

6 素材扫描

蝴蝶效应是指在一个动力系统中，初始条件下微小的变化能带动整个系统的长期的、巨大的连锁反应。相信蝴蝶效应大部分人都听说过，它是由美国气象学家爱德华·罗伦兹提出的。它通常被这么阐释：一只南美洲亚马孙河流域热带雨林中的蝴蝶，偶尔扇动几下翅膀，可以在两周以后引起美国得克萨斯州的一场龙卷风。通俗点来说，就是一个微小的行为可能最终会起到很大的效果。

【素材分析】关于蝴蝶效应，不知道大家能不能想到什么例子？这里给大家说一篇我印象最深的小学语文课文——《一分钟》。主要内容是：主人公由于多睡了一分钟，错过了绿灯，错过了刚开走的巴士，只能走到学校，最终迟到了二十分钟。它很好地体现了蝴蝶效应的思想内核。当我们深入思考一下，会发现中国古代已经有很多与蝴蝶效应相关的名言了。而清楚了这些名言，就能比较清晰地了解蝴蝶效应的用法。这里给大家举出几句，相信你们会想到更多。“失之毫厘，谬以千里”“一着不慎，满盘皆输”“千里之堤，溃于蚁穴”“不积跬步，无以至千里；不积小流，无以成江海”。其实，它们都在强调一件事情，即注重点滴的小事、注重细节。把它映射到人身上，是让我们学会脚踏实地、防微杜渐。正所谓“苟日新、日日新”。每天进步一点点，经过一段时间，会有意想不到的收获。由此可以看出，蝴蝶效应的应用范围是很广的，关键就在大家是否有好好思考。

其他跨学科理论素材集锦

上文的六个例子分析完后，大家应该对跨学科理论素材有了更深刻的认识，并且能从中学习到一些如何将它们与常见的作文论点联系起来的思路。下面列举的一系列理论名词，都是我们筛选后认为可以很好地运用在作文当中的素材。当然，在这里就不给大家一一分析了，相信大家通过网络或是别的途径也能很好地掌握它们。并且对于这类素材，我们不求多，只求精，只要能熟练运用几种适用于不同论点的理论，在考场上已经足够了。

1.皮格马利翁效应　　2.鲇鱼效应
3.水桶效应　　4.破窗理论
5.马太效应　　6.刺猬法则
7.手表定律　　8.霍桑效应
9.帕金森定律　　10.垃圾桶理论
11.首因效应　　12.约鑫情结
13.晕轮定律　　14.250定律
15.踢猫效应　　16.安慰剂效应
17.阿伦森效应　　18.蓝斯登定律
19.旁观者效应　　20.费斯诺定理

黑科技解密 1

太摇滚了！颁奖词还可以这样改造作文语言

黑科技解密 2

超酷！原来从《人民日报》等党报大刊里也可以学语言

黑科技解密 3

警告！排比引用句式轰炸即将来袭！再也不用担心文笔不好

黑科技解密 4

腹有诗书气自华，从此不做诗词散文的搬运工

学姐说说说

Q 学姐，读完“PART 04”以后，我对如何积累素材已经有一个大概的了解了。但是，我的文笔一直不太好，有了素材文章还是像流水账，这可怎么办呀？

A 我也不是一个有作文天赋的人。按理说，语言这种东西，没有几年的训练是没办法有质的提高的。但是，高三下学期在认真地研究了很多高分作文后，我终于在某一天突然开窍，再结合每周一次的素材收集加片段练笔，最后作文就稳定在58分左右啦！

那具体应该如何在短时间内提高文采呢？

A 对于不同类型的文章，背景和语境是不一样的，这也要求我们用不同的语言来写作。有时候，我们要偏向感性、抒情；有时候又要严肃、理性。甚至还有时候，我们要去模仿《新闻联播》主持人呢！针对这些情况，我们都要有所准备。所以，“PART 05”的黑科技里面，颁奖词、《人民日报》、诗词散文等多种文采“加工厂”等你来发现呀！

Q 我收集了一些特别唯美的句子，比如名人名言、诗词散文，可是它们优美归优美，写起作文来好像就没有什么用了。我想知道，这类素材要怎么应用呢？

A 这个问题问得好，想必这也困扰了很多同学吧？与人物有关的“名人名言素材”、与传统文化有关的“诗文素材”，收集起来很轻松，一抓一大把，用起来却很要求“技术”。至于其中的秘诀，请看黑科技解密4，让你的文章清新脱俗，摆脱“生搬硬套”的窘境！

Q 顺便悄悄问一句，有没有凑字数的方法？我知道凑字数是不对的，但有时候确实想不出来了呀！

A 哈哈，知道就好，不过我们还真有。“排比引用”可是应用素材扩充文章的一大杀器！掌握这个方法，不仅文章字数“噌噌”上涨，还能在文采上加点分。

太摇滚了！颁奖词还可以这样改造作文语言

我们都知道议论文的三大要素是论点、论据、论证。一般来说，在任一主题的颁奖典礼中使用的颁奖词中既涉及历史名人的典型事迹，又涉及对其历史事迹的评述和阐释。也就是说，这些颁奖词中既有论据（典型事迹）的内容，又有论证（评述和阐释）的内容，这是颁奖词的复合定位。所以，只要是契合主题的颁奖词，我们便可以将其放在论点之后直接嵌入文中，最后加上总结即可。除此之外，绝大部分的颁奖词文辞可谓十分优美——颁奖词除了用于构成某一论点的论据和论证之外，还可以为我们的文章平添文采。这么说来，颁奖词是不是一种非常值得收集利用的作文素材呢？那么，“PART 05”的第一种黑科技，就是教大家怎么利用现有的颁奖词短时间内让自己的文笔“飞起来”。

开始之前，我们来举个例子。在高考议论文里运用颁奖词的形式来给廉颇“颁奖”，会有什么样的效果呢？

> 知错就改，铸就人格品性。廉颇以国事为重，以民生为天，放下架子，丢下面子。他省身思过，知错改错，在数千年的历史中第一个唱响了坦坦荡荡、负荆请罪的高歌。倘若廉颇刚愎自用，还会有成为闻过则喜、知错改错的亘古第一臣的可能吗？知错改错，在我们的漫漫人生路之中，铸就人格品性，让我们走得更远。

这样的语言，是不是看起来很炫酷呢？让我们一起来学习一下颁奖词在议论文中的语言运用吧！首先，我们来看一下什么叫作颁奖词。

颁奖词是什么

1.精简概括

准确来讲，颁奖词应写成“颁奖辞”，是在某一主题的颁奖典礼上，对获奖对象的事迹予以陈述评价的表述。

2.基本特点

情感性：饱含情感，真挚地赞美人物的事迹与精神，以达到以情感人的艺术效果。

深刻性：对人物事迹的评价，必须体现一定的深度，触及人物的精神内核，将人物的壮举提升到一定的思想高度。

简洁性：颁奖词非常精练简洁。为适应电视节目的播出时间要求，寥寥数句，即见人物的神韵与风采。

为什么要用颁奖词

1.大笔写意，点明人物事迹

颁奖词从大处着眼，抓住人物最主要的令人钦佩尊敬的事迹，简要概述，如同创作写意画，力求用最简洁的笔墨，勾勒出丰满的笔下之物。因此，颁奖词不要求详尽地交代人物事迹的来龙去脉或细枝末节，人物事迹点到为止。

2.纵深开掘，彰显人物精神

对人物精神的赞美是颁奖词写作的重点，也是难点。颁奖词一般是通过介绍人物的事迹，引出对人物精神的评价。因此，在颁奖词中，要体现出人物的闪光心灵、人格魅力，或是坚强的意志、崇高的思想品质等，最好能体现一定的哲理。

3.综合表达，事、理、情有机融合

颁奖词在表达方式上，需要将叙述、议论、抒情这三种表达方式综合运用，将人物事迹、精神及对人物的赞美之情有机融合。

4.言简意丰，自然流畅

颁奖词一般很简短，这就要求语言高度浓缩，言简意赅。这样的语言往往字字珠玑、意蕴丰富，具有生动、形象的特点，同时还要自然流畅，音韵铿锵悦耳，富有音乐美。

运用人物素材的一大难点就是用简洁优美的语言概括人物事迹，体现人物精神，最好还能在三言两语中表达出我们的褒贬意见，还要让素材与文章巧妙融合……这种功力可不是三天两天就能练成的呀！

通过以上总结，我们是不是很容易发现，颁奖词实在是太适合用在作文里呢？它几乎完美地满足了议论文的写作要求！那么接下来，我们就开始解密颁奖词在作文中的用法吧！

颁奖词在作文中的应用

应用方法一 学内容

学内容，就是学颁奖词中提到的人物、事件，把他们作为论据直接用到作文里。这是最简单的一种应用方法，基本上只要“背背背”就好了。颁奖词体现的都是相关人物的优秀品质和先进事迹，只要用对主题，大多可以“无缝衔接”。

典例扫描

“嫦娥一号”颁奖词：一个千古不变的奔月梦想，几代中华儿女的不懈追求。“嫦娥一号”是中国航天科技创新的转折点，更是中国航天人完成代际交接的里程碑。从此，我们仰望星空，“嫦娥”不再寂寞；环顾宇宙，骄傲在中国人的心中荡漾。

应用示例 论证主题“中国梦，在心中骄傲”

中国梦，在心中骄傲。中国梦，属于过去，属于现在，属于未来。从一人万户到一个团队西昌，奔月之梦在国人心中传承百年。终于，“嫦娥一号”出现，让仰望星空、环视宇宙更接近现实。从此，我们仰望星空，“嫦娥”不再寂寞；环顾宇宙，骄傲在中国人的心中荡漾。是中国梦让中国航天人一代接一代传承飞天的使命，是中国梦促使中国航天科技又一次创新，是中国梦让骄傲充溢在每个中华儿女的心间。

应用方法二 学语言

有的时候，无论是“感动中国人物颁奖词”还是后文附录中的“历史人物颁奖词”，都不免有些“过气”“烂大街”。但是，那么优美的语言，那么高级的句式，不用起来岂不是太可惜？所以，我们也可以适时地“偷梁换柱”，把用于某个人物的颁奖词换个主语，就成了对另一个人物的总结概括。或者，我们可以舍弃句子的内容，直接提取主干句式，就可以用在开头、结尾等需要“精雕细琢”的地方。这样一来，还怕“凤头豹尾”不够精彩吗？

典例扫描

孔子颁奖词：他用最锐利的智慧开启了那一道道尘封的门，阳光从那错开的门缝间挤出来，于是门外面铺满黄金；他用最朴实的教诲铸造了一把坚韧的利斧，劈成了一道道深深的印痕，它留下的不是疼痛，而是刻骨铭心！

应用示例 论述诗人林庚的事迹

从24岁到76岁，他把生命中最好的时光用来“传道、授业、解惑”。林庚先生既不屑于引经据典、烦琐考证，也不囿于诠释字词、疏通文义，他潜心探索诗中的深层底蕴，用诗人的特有语言实现相互的理解和共鸣。他用最锐利的智慧开启了那一道道尘封的文学之门，阳光从那错开的门缝间挤出来，于是门外面铺满黄金。国家危亡，他在南京请愿抗日：“我要寻问那星星之火之所以燃烧，追寻那一切的开始之开始！”他用最朴实的教诲铸造了一把坚韧的利斧，劈成了一道道深深的印痕，它留下的不是疼痛，而是刻骨铭心！

颁奖词应用小技巧

怎么样？颁奖词是不是一个万能的“宝藏素材库”？多动动脑筋，提升语言不在话下。

最后，为大家总结颁奖词运用的两个小技巧：

论证主题

运用颁奖词的同时，一定记得要加上论证主题。简单地说，就是你用的颁奖词、举的例子一定要跟论证主题扯上关系。比如，运用钱学森的颁奖词，就直接将颁奖词“搬到”议论文里独成一段，那肯定是不行的。谁知道你想论证的是“爱国”，还是“钻研”，抑或是“奉献”？所以，在运用颁奖词的前后一定要加上有关论证主题的内容，这样主题才明确。

一专多能

颁奖词的内容，是适用于多个领域的。运用的时候，稍作修改，便可以“重复利用”了。至于怎么跟主题扯上关系、怎么论证，就看你“言之有理”的功夫啦！

附：历史人物颁奖词素材集合

孔子	他没有什么万卷巨著，万余字的语录是他一生思想的浓缩； 他没有什么惊天事迹，极平凡的言行却给后人树立了万世楷模。 九州四海因他而一统，寰球世界也必将因他而和谐； 华夏文明因他而灿烂，未来明天也必将因他而美好。
	他用最锐利的智慧开启了那一道道尘封的门，阳光从那错开的门缝间挤出来，于是门外面铺满黄金； 他用最朴实的教诲铸造了一把坚韧的利斧，劈成了一道道深深的印痕，它留下的不是疼痛，而是刻骨铭心！

<table>
<tr><td rowspan="2">屈原</td><td>静静汨罗守护着他的灵魂；
皇皇离骚诉说着他的忠贞。
在那个视人命如草芥的动荡年代，
他用自己的血泪诠释了什么是心存百姓；
在那个朝秦暮楚的战乱时期，
他用自己的生命回答了什么是爱国精神。</td></tr>
<tr><td>朝饮木兰之坠露兮，夕餐秋菊之落英。
当黎明还黝黑时，他就触着光亮而长吟。
壮志凌云，长歌离骚，
上下求索，踽踽独行。
他使一条不屈的生命得到了高度的提升，
他使一个站立的灵魂得到了不朽的诠释。</td></tr>
<tr><td rowspan="2">司马迁</td><td>废寝忘食，他用赤诚之心完成了无韵之《离骚》；
含垢忍辱，他用顽强之志铸就了史家之绝唱。
一部《史记》讲述着一个史学家应有的良知；
一部《史记》见证了一个史学家对历史的忠贞；
一部《史记》记载的不仅仅是历史，
更是我们民族坚强不屈的精神。</td></tr>
<tr><td>谁，能奋笔疾书，弹响“史家”千古绝唱？
谁，能幽愁发愤，吟出无韵之《离骚》？
他以海的大度包容了内心之苦、世人之讽，
他以山的刚毅正直书写了两千年的沧海桑田。
他的坚忍撼动历史，彪炳史册；
他的刚正直上霄汉，照耀尘寰！</td></tr>
</table>

<table>
<tr><td rowspan="2">王昭君</td><td>大漠的沙石曾聆听过她对国家不舍的琴音；
塞北的寒风曾见证过她对民族和谐的期盼。
她仅仅是一个女子，一个柔弱的女子，
却在国家危难之际甘愿牺牲自己。
在她身上我们看到了一种女性最伟大的光芒，
这光芒让所有的男儿汗颜，让堂堂的东汉愧色。</td></tr>
<tr><td>你海棠般娇羞的容颜，
你菊花般孤高的傲世风骨，
你柳絮般飘飞的沉思，
你桃花般红消香断的泪痕，
都在这广漠中消隐。
你的聪慧，痴迷着汉赋唐诗的韵律，怎能不如履薄冰？
你的深刻，承受着岁月无痕的忧伤，怎能不形销骨立？
你的清高，拒绝着蝇营狗苟的生活，怎能不心力交瘁？
你默默地离去，为了那永世的安宁。
你的名字载入史册，也记载下人们对你永恒的记忆。</td></tr>
<tr><td rowspan="2">诸葛亮</td><td>他六出祁山只为国家能早日统一；
他七擒孟获只为民族能和谐共处。
中军帐里，他实践着一个读书人所应有的理想；
五丈原前，他完成了一段无愧生命的艰辛历程。</td></tr>
<tr><td>一颗忠心，两朝元老，三顾茅庐而三分天下，
五丈原头，八卦阵中，六出祁山而七擒孟获。
赤胆忠心，足智多谋，
助他人之霸业，成自己之威名。
出师未捷身先死，长使英雄泪满襟。</td></tr>
</table>

<table>
<tr><td rowspan="2">李白</td><td>有人说他是一个酒鬼，终日与酒共眠；
有人说他是一个侠客，执剑行走千岳；
有人说他是一个诗人，惊天地泣鬼神；
有人说他是一个仙人，被贬谪过人间。
其实他已不是他。
他代表着一种精神、一种宏大豪放的不朽精神。
他成了一座丰碑，
一座永远耸立不倒的丰碑。</td></tr>
<tr><td>一星升起，他灿烂的是整个盛唐星空。
他飘逸，欲上青天揽明月；
他自信，天生我材必有用；
他狂放，我辈岂是蓬蒿人！
他用酒涤荡自己的秉性，用诗放牧自己的灵魂！</td></tr>
<tr><td>杜甫</td><td>一抹残影，半生苍凉。
一杯浊酒，可装下冷月低悬？
哭泣爷娘，可换回儿女平安？
半漏茅屋，可栖息漂泊夙愿？
你，满怀壮志，却报国无门，满腔才华，终付与断桥流水。
你，读万卷书，满腹经纶，但未料，行万里路，终将理想化梦尘。
裘马轻狂，一身正气，却只身空对萧瑟秋风，无人解！
但留一曲诗风，万篇佳作，留与江河行囊雪！</td></tr>
<tr><td>苏轼</td><td>“大江东去，浪淘尽，千古风流人物。”
只这一句，就让无数后人享用一生。
他把苦难研成墨，
他把贬谪当成笔，
挥毫出一首又一首豪放旷达的辞章。</td></tr>
<tr><td>曹雪芹</td><td>为了一个梦，他忍饥挨寒，孜孜不倦；
为了一个梦，他呕心沥血，笔耕不辍。
一部《红楼梦》，凝结了一个文人的辛酸血泪；
一部《红楼梦》，映现了一个时代的风雨沧桑。
“增删五次，披阅十载”的他，创造了文学史上一座不可逾越的高峰。</td></tr>
</table>

庄子	九万里的情怀荡漾于三千濮水之上。 赤子之心归于自然，终成《南华经》。 曳尾涂中，逍遥一游于尘世，哲学的巅峰便已铸就。 他有蛇的冷酷犀利，更有鸽子的温柔宽仁。 踌躇满志却又似是而非，螳臂当车却又游刃有余。 有谁看不出他满纸荒唐言中的一把辛酸泪？ 对这种充满血泪的怪诞与孤傲，我们怎能不肃然起敬？
曹操	成，如朗月照花，深潭微澜，是不论顺逆、不论成败的超然，亦是扬鞭策马、登高临远的驿站； 败，仍滴水穿石，江流入海，有穷且坚，不坠青云的傲岸，有“将相本无种，男儿当自强”的倔强； 荣，江山依旧，风采犹然，恰沧海巫山，熟视岁月之流，浮华万千，不屑过眼烟云； 辱，胯下韩信，雪底苍松，宛若羽化之仙，知暂退一步海阔天空，不肯因噎废食。 荣辱成败，尽显英雄本色。
王羲之	狼毫一挥是生命的舞动，砚纸是他的舞台，满载生命的厚重。 楷如泰山稳立，行如清冽之风，草如龙凤舞动。 他让人们真正了解什么是书法，他让世界了解中国书法的伟博。 兰亭已矣，永不逝去的《兰亭集序》中最豪迈的一次舞动。
廉颇	起于队伍之间， 立于戎马之背。 战功显赫，出将入相； 忠于国事，襟怀坦荡。 知错必改，负荆请罪以从善； 释怨和衷，刎颈之交而报国。
万户	是他，承载起最早的飞天梦想； 是他，为人类装上梦的翅膀。 火光耀眼，他无悔生命的短暂；尘土飞扬，掩不住他真情的渴望。 他用生命的代价换取了一次人类文明的飞跃。 湛蓝的天空中永远舞着无畏的英雄。

超酷！原来从《人民日报》等党报大刊里也可以学语言

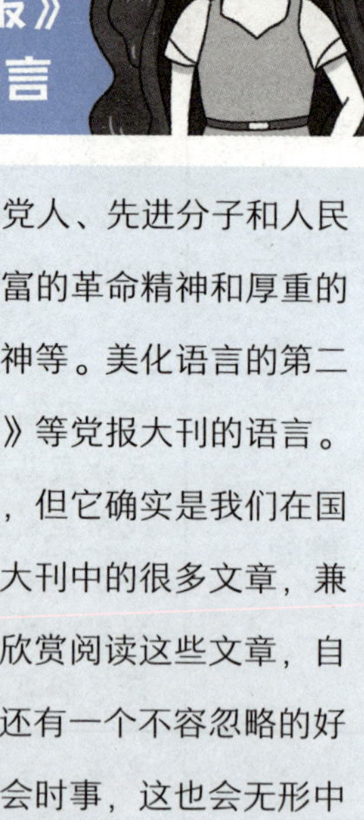

“红色文化”，即在革命战争年代，由中国共产党人、先进分子和人民群众共同创造并极具中国特色的先进文化，蕴含着丰富的革命精神和厚重的历史文化内涵，诸如井冈山精神、红色精神、延安精神等。美化语言的第二种黑科技要给大家介绍的，就是一些出自《人民日报》等党报大刊的语言。这个概念恐怕没有哪位语文老师会在写作课堂上提起，但它确实是我们在国家时事类作文中屡试不爽的“法宝”。因为这些党报大刊中的很多文章，兼有丰富的内容（素材）与优美的文辞（语言），好好欣赏阅读这些文章，自然也可以给我们高考作文中的素材与语言增添光彩。还有一个不容忽略的好处便是：多读这些文章，可以让我们更加了解国家社会时事，这也会无形中给我们写出更好的国家时事类和社会热点类作文带来巨大的帮助。那还等什么呢？一起来看看怎么通过学习这些党报大刊的语言来写我们的高考作文吧！

官媒的独特优势

1.含金量高。

2.可学性和规范性堪称议论文的经典模板。其在论证句式、论证结构、论证方法、论证方向、论证内容等方面堪称完美。

3.囊括当年度经典的政治大事、时事方略政策，并且有详细的介绍分析。

如何学习党报大刊

应用方法一 学内容

弘扬“红船精神” 走在时代前列

□习近平

中国共产党沿着红船的航向，以开天辟地、敢为人先的首创精神，始终站在历史和时代发展的潮头。20世纪20年代的旧中国，是一个半封建半殖民地的社会。“十月革命”一声炮响给我们送来马克思列宁主义，“五四”运动中工人阶级登上政治舞台，这都为中国共产党的诞生做了思想和组织上的准备。中国共产党正是顺应求民族独立、谋人民解放的历史使命，勇立社会历史发展的潮头，在南湖红船上宣告成立，从此使中国革命的历史翻开了崭新的一页。对此，毛泽东同志称之为“开天辟地的大事变”。董必武同志在故地重游中欣然命笔：“烟雨楼台革命萌生，此间曾著星星火；风云世界逢春蛰起，到处皆闻殷殷雷。”南湖红船点燃的星星之火，形成了中国革命的燎原之势，使四海翻腾，五岳震荡。我们党从这里走向井冈山，走向延安，走向西柏坡，由一个领导人民为夺取政权而奋斗的党，成为领导人民掌握政权并长期执政的党。

中国共产党扬起红船的风帆，以坚定理想、百折不挠的奋斗精神，矢志推动中国革命和建设事业不断前进。中国共产党是以马克思主义理论武装起来的先进政党。中国共产党的诞生，使中国革命从此有了坚定的理想信念和强大的精神支柱。在惊涛骇浪不断的革命大潮中，红船在升腾，共产党人的信念也在升腾。当初，党的“一大”会议在白色恐怖中召开，由上海转至嘉兴，在南湖红船上完成缔造中国共产党的使命，靠的是坚定的理想信念和百折不挠的革命精神。之后，我们党在长期艰苦卓绝的奋斗中，历经曲折而不畏艰险，屡受考验而不变初衷，由小到大，由弱变强，靠的还是坚定的理想信念和百折不挠的革命精神。中国共产党人不管风吹浪打，不怕急流险滩，始终坚定自己的理想和信念，以压倒一切敌人、战胜一切困难的大无畏英雄气概，矢志推动中国革命和建设事业的大船劈波斩浪、不断奋进。

中国共产党载着红船的意愿，以立党为公、忠诚为民的奉献精神，努力维护好、实现好、发展好最广大人民的根本利益。“革命声传画舫中，诞生共党庆工农”。中国共产党从诞生那天起，从来就没有自己的私利，而是以全心全意为人民谋福利为根本宗旨。密切联系群众是我们党区别于其他任何一个政党的显著标志。依水行舟，忠诚为民，成为贯穿中国革命和建设全过程的一条红线，也是“红船精神”的本质所在。肩负为人民谋利益的神圣职责和崇高使命，中国共产党人以自己的身体力行，宣传、发动和引领全国各族人民团结一心，和衷共济，英勇奋战，在推进中国革命和建设的进程中，不断维护好、实现好、发展好最广大人民的根本利益。

（摘自《人民日报》）

【素材分析】所谓议论文的内容，无非就是论点、论据、论证这三大部分。而大多数人在看《人民日报》的时候，总觉得一看过去都是单调统一的说辞，便错过了这个收集素材的好机会。其实，当我们能静下心来阅读其中的内容时，会发现议论文中的三大部分，它都囊括了。那就以这篇《弘扬“红船精神” 走在时代前列》为例，给大家分析一下如何从中得到启发。

首先，我们能看到节选的内容呈清晰的并列式三段。而一种高效的学习方法，便是从每一段中提炼出它的论点，再进一步看它的论据是什么以及如何论证的，因为这类文章往往是结构清晰、论点分明的，我们能快速抓住它的脉络与内容。

现在，我们三段一起看，论点都很清晰。一是开天辟地、敢为人先的首创精神；二是坚定理想、百折不挠的奋斗精神；三是立党为公、忠诚为民的奉献精神。提到首创精神，你或许会想到伽利略、牛顿、爱因斯坦这类伟大的科学家，或许会想到乔布斯、马云这类企业家；提到奋斗精神，你或许会想到新时代的青年人；而提到奉献精神，你或许又会想到戚继光、黄继光这类民族英雄。对于这三种高频的论点，我们往往能想到许多相关的人物论据，但是上升到集体、国家这一类，论据似乎就相对缺乏了。相信大家也清楚，作文往往需要在个人的层面上再递进，而党报大刊上的文章，能帮助我们积累到不少国家层面的素材。

那么，看完这篇文章后，关于首创精神，我们是不是能写到“当十月革命一声炮响给中国送来了马克思主义，当五四运动工人阶级登上历史舞台，中国共产党顺应求民族独立、谋人民解放的历史使命，勇立社会历史发展的潮头，在南湖红船上宣告成立，为中国革命的历史翻开了崭新的一页，更为我们生动诠释了何为首创精神”？

相信聪明的你也能明白了，奋斗精神和奉献精神一样能从文章中提取相应素材。现在不如自己动动笔，把它们记录下来。

应用方法二 学结构

"一带一路"：全球治理体系变革的中国方案

五年来，我国以共建"一带一路"为实践平台推动构建人类命运共同体，践行"和平而非战争，发展而非贫穷，开放而非封闭，合作而非对抗，共赢而非独占"的中国全球治理实践，回答了霸权主导的治理模式失灵之后国际体系如何运作的时代之问。共建"一带一路"正在成为我国参与全球开放合作、改善全球经济治理体系、促进全球共同发展繁荣、推动构建人类命运共同体的中国方案。

坚持伙伴关系，走和平之路。"一带一路"胸怀各国人民追求和平发展的共同梦想，坚持对话不对抗、结伴不结盟的伙伴关系，日益凝聚起各方合力共建"一带一路"的国际共识，编织起以亚欧非为中心的合作网络。

坚持发展导向，走繁荣之路。"一带一路"聚焦发展这一根本性问题，寻找各方利益契合点和发展最大公约数，不断促进全球经济的开放与发展，推动沿线国家实现优势互补、联动发展、共享成果，努力打造顺应经济全球化潮流的最广泛国际合作平台。

坚持包容思维，走开放之路。一是合作理念开放包容，二是合作空间开放包容，三是合作内容开放包容，四是合作方式开放包容。我国会主动向世界开放市场，进一步释放中国发展红利。

坚持开拓意识，走创新之路。"一带一路"建设以共商共建共享为基本原则，努力在广泛协商的基础上探索构建适应新时代的全球治理和国际合作新模式。

坚持文化共兴，走文明之路。五年来，共建"一带一路"建立起形式多样、内容丰富的人文交流合作机制，人文交流共识不断增多，平台更加多元，渠道更加畅通，内容和形式更加丰富，人文交流系统性、整体性、协同性持续增强。

（摘自《光明日报》）

【素材分析】我们都说写文章是从套路化到去套路的过程，当我们还处于学套路的阶段时，看党报大刊上的文章能为作文清晰的框架结构打下扎实的基础。或许部分同学会觉得有些死板、枯燥，但考场上不到一个小时的写作时间里，考验的就是这些技巧。

这篇文章虽然没有一个总结作为结尾，但整体的思路也是值得我们参考运用的。

中心论点：“一带一路”，全球治理体系变革的中国方案。

分论点一：坚持伙伴关系，走和平之路。

分论点二：坚持发展导向，走繁荣之路。

分论点三：坚持包容思维，走开放之路。

分论点四：坚持开拓意识，走创新之路。

分论点五：坚持文化共兴，走文明之路。

这篇文章最值得我们学习的不只是它整齐的并列式，还有它引出分论点的技巧，即描述了提出“一带一路”的时代背景以及我国在严峻环境下做出的努力。其实，一篇议论文能列出分论点不难，衔接它们、过渡它们来做例子的手法才难，要做到自然、逻辑清晰，党报大刊上的文章是再适合不过的模板。

应用方法三 学语言

那么，读者怎么从《人民日报》等党报大刊中学习语言的技巧呢？

挑选时事评论文章作为素材来源，特别像《人民日报》评论、中青评论等上面的文章，篇幅不长，且往往一针见血，可以从中搜集到不少精辟犀利的语言。

搜集语言与内容的方法略有不同。像上面列举的几篇较长篇幅的文章，建议大家直接把握论点，再着重搜集相关素材即可。而搜集语言，则可阅读完整的评论，不仅能找到自己喜爱的语言，也能感悟到资深评论员的思维深度。

最后，希望大家以学习的眼光去看待这些文章，当你从中发现一些实用素材时，你会真正体验到它对提升议论文的帮助是不容小觑的。在这里找到一些语录供君挑选运用。

附：党报大刊精选语录集合

1.让和平的薪火代代相传，让发展的动力源源不断，让文明的光芒熠熠生辉，是各国人民的期待，也是我们这一代政治家应有的担当。中国方案是，构建人类命运共同体，实现共赢共享。

2.“炎火成燎原之势，涓流兆江河之形”，星星之火可成燎原，涓涓细流可成大江。尚和合的人类命运共同体话语，将汇聚大众的意愿而成和平的潮流，将妙凝百姓的呼声而成合作的春雷。它唤醒了昏昏沉沉的天地万物，也敲响了人类命运共同体美美与共的钟声。

3.在全球化、信息革命时代，人类共同拥有的家园变得越来越小，牵一发而动全身。民族、国家不分大小、贫富，在全球紧密相连，高瞻远瞩，“鸿鹄高飞，一举千里”。度越一般世事的种种关系形态，以和合学的思维开放包容性，使各文明之间彼此互相理解、借鉴、尊重、吸收，为人类的长远利益、未来命运提供智慧卓越的中国方案创造了机遇。

4.从满目疮痍到繁荣昌盛，由筚路蓝缕到走向复兴。进入新时代的中国，不再只是“中国之中国”“亚洲之中国”，更是“世界之中国”，为解决人类问题贡献有创见的“中国方案”。

5.唯有坚定前行的方向、找准发展的节奏，才能应对重大挑战、抵御重大风险、克服重大阻力、解决重大矛盾，于花繁柳茂处拨得开，于风狂雨骤中立得定，引领承载着中国人民伟大梦想的航船劈波斩浪。

6.凭着股逢山开路、遇水架桥的闯劲，凭着股滴水穿石、绳锯木断的韧劲，我们取得了举世瞩目的历史性成就，实现了前所未有的历史性变革，让近代以来久经磨难的中华民族，实现了从站起来、富起来到强起来的伟大飞跃，比历史上任何时期，都更接近实现中华民族伟大复兴的目标。

警告！排比引用句式轰炸即将来袭！再也不用担心文笔不好

在议论文中，素材的积累往往是有方向性的，我们只需要了解优质素材库，以及整理素材的小技巧即可（前面的素材篇都有具体为大家提到哟）。而语言上的训练大部分人很头痛，因为它不像素材那样可以靠积累、靠化用，也不像框架结构那样可以先跟着模板走，熟练后再进行“去套路”。但语言的训练真的就无方法可言了吗？今天，我便给大家介绍一种具有普适性的方法，人人都可以从它上手，再进一步打磨语言。它便是“排比+引用”。千万不要小瞧这个方法，它虽然简单，却实实在在为我们提供了语言修炼的方向，可以让文章顿生气势。“排比+引用”有哪些应用方法？如何应用才能使文章爆发最大的威力？这一节的黑科技，就让我们慢慢道来。另外悄悄说一句哦，驾驭好“排比+引用”的基础还是素材的积累，不然只能是“巧妇难为无米之炊”了。

“排比+引用”绝对是高考议论文的一大神器。两者相加，可以迸发出巨大的威力。连贯的排比有势压群峰之气势，也能补事例素材积累欠缺的不足。就算我们只有三个略显老套的事例，也能糅合出炫酷到爆的“排比+引用”。

在这种黑科技中，主要介绍“排比+引用”的三个经典模型，这三个模型也是最基础的应用方法。大家可以在这个基础上自行发挥创造！但掌握好这三个模型，是对大家语言训练最基本的要求。

“排比+引用”的基础模型

这一类的模型不但使用的论点非常广，而且它的一大作用在于能让你的论证过程清晰有力，可以简洁而犀利地支撑自己的论点，这在议论文语言中是非常重要的。许多人也会为自己的语言发愁，看了许多优秀的范文也不知道自身该从何练起，那么这些模型便是很好的参考。以下会给大家举几个例子，为了让大家能更具体地了解这些模型的用法，语言上进行了简化，只为把最精华的部分给大家展示出来。

模型A 名人做了名事，说了名言，成功了。

【典例一】

勾践在夫差的辱骂中卧薪尝胆，“君子藏器于身，待时而动”，复国有望；

谢安在偏僻的山林中不甘沉沦，“筚路蓝缕，以启山林”，东山再起；

朱元璋在战火的纷争中顽强抗争，“一朝红日出，依旧与天齐”，黄袍加身。

论述面对苦难，克服挫折，终将成功。

【典例二】

诸葛亮阅读侧重统筹、全局策划，做到了“大梦谁先觉，平生我自知”，处茅庐而知天下；

唐寅读书广博、放荡不羁，歌咏了“名不显时心不朽，再挑灯火作文章”，浪迹江湖，作品流芳；

宋濂阅读勤勉、刻苦研读，忘却了“天大寒，研冰坚”，为人师表，谦和温和；

朱熹阅读灵活、如饥似渴，感叹了“问渠那得清如许，为有源头活水来”，令人敬仰、钦佩。

论述阅读方法。

模型B 名人说了名言，做了名事。

【典例】

李太白做自己喜欢做的事，“五岳寻仙不辞远，一生好入名山游”，在游山玩水之中奔涌出滔滔不绝的诗篇；

朱元璋做自己喜欢做的事，“群臣未起朕先起，群臣已睡朕未睡”，在处理国家政事中建筑了强大雄伟的王朝；

启功先生做自己喜欢做的事，“终生浮几案，天地一书囚”，笃实地做学问，在自己热爱的国学中谱写了不朽的华章。

论述要跟从自己内心的声音。

模型C 名人做了名事，失败了。

论述自负的不好。

【典例】

这里虽然没有运用到引用的手法，但是这种简洁明了的陈述方式也是值得大家学习的：

项王自负，含恨而终；韩信自负，自负而死；夸父自负，逐日而葬。

解析三大模型

相信大家在看完三个模型的例子后，头脑里对“排比+引用”的方法有了一个很直观的认识，并且由于语言进行了精简，会觉得看下来非常流畅舒服。即便只有短短的几句话，也能让人对其论证过程感到震撼。这就是“排比+引用”的魅力，它能很好地增强说服力，为你的文章增添一份理性素材，同时能表现出一个人强大的文学功底。但在好处的背后，需要我们仔细剖析、思考加不断实践，才能真正达到这样的效果。

首先看前两个模型。其实，它们的本质是一样的，即通过名人名言名事的结构来论证文章的论点。但从这简单的例子中，我们可以发现一种规律和方法，即名人和名事都可以从名言中引申出来。也就是说，当我们收集到一句名言，并且能表达出一定的观点时，我们可以顺藤摸瓜，去了解它的作者以及作者的相关事例。这样既能提高收集素材的效率，也能在运用“排比+引用”的模型时更加得心应手。当然，从名人入手延展到名言和名事也是很不错的选择，都可以大大减少积累的时间（从名事入手就不太推荐啦）。

接下来，我们看到第三个模型，和前两个模型不一样的是它强调了“失败”，也就是属于反面论证。把失败特意放在这三个基本模型中，其实是为了让大家重视起反面论证这种方法。虽然大多数人都知道它，但真正有意识去用上它的人并不多，大多数人会选择收集正面意义的例子。而许多素材中的反面也非常值得我们重视，它们既能体现我们的思维广度，也能为文章内容进行扩充。并且，反面论证用得好会比正面素材更有说服力，给阅卷老师留下深刻的印象。所以，下次不妨注意到那些反面素材，尝试将其和正面论证结合，来全面地论述好一个观点。

总结

简单来说，“排比+引用”就是六个字——“名人名事名言”，用法非常简单，优势也非常明显。不过，大家在例子中也能体会到，“名人名事名言”是需要平时积累，而不是一蹴而就的。说白了，根据你自己的习惯或者喜欢的模型，即名人做了件名事、说了句名言，用仿写的一致句式，将“名人名事名言”表达出来即可。不过，在这里要提醒大家，不要为了运用这个方法而去运用。有些人因为素材不够而去强凑排比，反被素材限制了。要记住，素材永远是为中心论点服务的，我们是提倡一个素材可以用在不同的方面，但千万不能用已有的素材去与论点强扯上关系。

最后，这个方法虽然简单，却实实在在为我们提供了语言修炼的方向，并且，虽然它看起来并不难操作，但是实践起来也并没有想象的容易，因为你需要不断打磨自己的语言，在让其精简的同时能准确切中论点，这是需要不断训练才能形成的风格。那么，接下来，给大家一个实践的机会，去感受一下这个方法是如何运用的。

练习

根据上文内容的讲解，请以“智慧是一种心境，境由心生”为论点，仿照下面给出的例句部分，仿写接下来的两个排比句。

智慧是一种心境，境由心生。佛说：“物随心转，境由心造。”智慧也由心造。智慧是刘禹锡“谈笑有鸿儒，往来无白丁”的自信豪爽之境，来源于他不慕权贵的心；__________；__________。

【素材分析】智慧是苏轼“苟非吾之所有，虽一毫而莫取”的旷达洒脱之境，来源于他乐观豪迈的心；智慧是唐寅“闲来写幅青山卖，不使人间造业钱”的淡泊名利之境，来源于他风流不羁的心。

升级改造

“因为爱过，所以慈悲；因为懂得，所以宽容”，选择读书而非早嫁，张爱玲的智慧，使她蔑视世俗，云鹤般傲立尘世；“当我沉默的时候，我觉得很充实；当我开口说话，就感到了空虚”，伏案疾书，鲁迅的智慧，使他弃医从文，救国人于水深火热，明灯般照亮迷途；“身行万里半天下，眼高四海空无人”，用文字诠释生活，胡适的智慧，是他在动乱中执着本心，禅宗般谈笑自若。智慧是一种心境，境由心生。无论是张爱玲的脱俗，还是鲁迅的犀利，抑或是胡适的透彻，这般智慧，皆由心境而生，是心境引领智慧，是心境的卓然，造就了智慧。

不知道大家写的句子如何？在看完“练习”和“升级改造”之后，相信你们也很清楚了，要驾驭好这个方法的基础是素材的积累，否则你的思路再好，也难以支撑。而在素材丰富的基础上，“升级改造”便是一种语言加工后的结果。这是大家有意识训练的方向。

排比引用句式的方法固然是有效的，但给大家介绍的也只是适用于所有人的基础版本，大家如果熟悉了这样的基础形式，就可以探索自己独一无二的格式啦！“纸上得来终觉浅”，有了方向，有意识地实践才是提升的真理！

腹有诗书气自华，从此不做诗词散文的搬运工

在“PART 04”中，讲解作文素材积累方法时，我们提到过两类素材：与人物有关的“名人名言素材”、与传统文化有关的“诗文素材”。要知道，除了丰富文章内容，增加论证信服度之外，这两类素材也可谓美化语言、展现文笔的利器呀！然而，还是有很多同学认为，这两类素材确实语言唯美，格调也高，但在作文里依然不知道如何使用，并且积累得太多太杂太散，往往记了又忘，属于“好看不中用”类素材。这一节“黑科技”正是为此而来——对于诗词散文、名言警句类素材，我们将其分为“思维深度型”和“语言优美型”两大类，这两类词句素材各有其不同的搜集方式、侧重点和使用方法。那么，我们到底应该如何甄选适合自己的百搭词句素材？又应该怎么用才能切实提升文采、美化语言？到底该如何形成百搭运用思维？别着急，我们将在这一节“黑科技”中一起来揭晓。

从“用什么”到“怎么用”

我们这一节“黑科技”要重点分析的名言、诗文素材，可以大致分为“思维深度型”和“语言优美型”两类。在前面的章节中，我们反复强调过优质作文素材最关键的两点：一是“小众高级”，二是“百搭万用”。而通过对素材进行这样的分类，我们可以轻松地辨别一则素材的质量，也可以找到不同素材的使用侧重点。

“思维深度型”素材，主要是一些富含哲理、能够启发思考的简短句子。通常，我们可以从句中提炼出辩证的角度，这有助于使立意更深刻、内容更丰富。

“语言优美型”素材就很好理解了，往往是一些意境优美、语言典雅的简短句子（注意，这是第二次强调“简短”啦！如果收集的句子过长，一则不方便记忆，二则不便于应用）。对于这类句子，我们可以通过直接引用或模仿化用的形式，使我们的文章文采斐然。

百搭素材展示与示例

1 思维深度型

示例一

浅水喧哗，深水沉默。——英国诗人 雪莱

“喧哗”是一个带有贬义的词语，那么这个句子自然是赞扬“深水”、贬低“浅水”。如果将这两个意象加以辩证地分析解释，便可以运用在作文中。

比如，我们可以用“浅水”来象征当今社会上浮躁、急功近利的心态（或是将“浅水”比作心浮气躁、急于求成的一类人），而用“深水”来象征脚踏实地、平心静气的作风。类似第一个句子，你可以把它用作标题贯穿全文，写成一个精巧别致的开头或是意味深长的结尾，只要你想用，必有用武之地。

这里再写一个简短的片段供大家参考：

“浅水喧哗，深水沉默。”雪莱用诗样的语言说出了一个朴实的道理。浅水因其浅薄无知，只会卖弄喧哗的水花；深水看似沉默，一言不发，却因其稳定深邃而得以长久存在。与此类似，那些急功近利之人的才学见识只如浅水般不值一提，却有了一点小成就便得意忘形，往往弄巧成拙；而真正脚踏实地、孜孜以求的人，才有深水般沉稳内敛的气质，只待一鸣惊人的时刻。

示例二

所谓无底深渊，下去，也是前程万里。——中国作家 木心

平时听多了“福祸相依”“相反相成”，这样简单却深刻的道理要说出新意十分不容易。木心先生只用三言两语就把话说得清楚明白，这样的“宝藏大师”当然值得我们多多积累啦。这里也上一段实战演练：

许多人一遇到挫折磨难，就轻易地自怨自艾、自暴自弃，好像整个人生都没有了希望。殊不知，“所谓无底深渊，下去，也是前程万里”。木心先生所言如此，足以点醒一代被“丧文化”迷晕头脑的年轻人。木心本人便是如此：虽曾身陷囹圄，著作被毁，三指被断，但仍坚守骨气，笔耕不辍，传续中华文脉，“成为五千年中华文艺的唯一继承人与遗腹子”。“深渊”固然黑暗可惧，可那黑暗正代表着未知，而未知又何尝不是希望呢?

通过上面这个例子，还有一个小技巧想要告诉大家：收集摘录名言名句之外，作者的生平事迹也应该相应地去了解。在引用名言的同时如果能够用事例加以辅助分析，还怕是生搬硬套、没有说服力吗?

怎么样，通过这样“手把手”的教学，大家对于思维深度型名言的运用有没有一些感想呢？下面的句子是相关类型句子的搜集提示，就不再一一讲解，希望大家勤加思考，多加练习。

1.镜子是骄傲的酿造器，同时也是自满的消毒器。——日本作家 夏目漱石

2.照耀人的唯一的灯是理性，引导生命于迷途的唯一手杖是良心。——德国诗人 海涅

3.运伟大之思者，必行伟大之迷途。——德国哲学家 黑格尔

4.假如我们知道如何寻找幸福的话，我们需要的幸福经常是近在咫尺。——美国小说家 霍桑

5.朋友是宝贵的，但敌人也可能是有用的。朋友会告诉我，我可以做什么；敌人将教育我，我应当怎样做。——德国诗人 席勒

6.我们都在阴沟里，但仍有人仰望星空。——英国文学家 王尔德

7.能把自己生命的终点和起点联结起来的人，是最幸福的人。——德国文学家 歌德

8.人生有两出悲剧。一是万念俱灰，另一是踌躇满志。——爱尔兰剧作家 萧伯纳

9.沉思就是劳动，思考就是行动。——法国作家 雨果

10.人生之光荣，不在永不失败，而在能屡败屡战。——法国近代军事家 拿破仑

11.每个人身上都有太阳，主要是如何让它发光。——古希腊哲学家 苏格拉底

12.你虽在困苦中也不要惴惴不安，往往总是从暗处流出生命之泉。——波斯诗人 萨迪

13.压倒她的不是重，而是生命所不能承受之轻。——法国作家 米兰·昆德拉

14.世界正处在旅途中，而不是停靠在码头上。——俄国作家 果戈理

15.残缺，也许就是生活和艺术的真谛。——中国作家 迟子建

16.一个人有两个我，一个在黑暗中醒着，一个在光明中睡着。我是烈火，也是枯枝，一部分的我消耗了另一部分的我。——黎巴嫩诗人 纪伯伦

17.在黑白里温柔地爱彩色，在彩色里朝圣黑白。——中国作家 汪曾祺

2 语言优美型

示例一

可不可以将你比作一个夏日？——英国戏剧家 莎士比亚

这句话看起来好像很普通，但也能有妙用：比如说写一种社会主义核心价值观（如友善），那么你就可以这样用这句话——用第二人称“你”来指代这种价值观。我们来尝试写一个结尾：

莎士比亚说，可不可以将你比作一个夏日？我说，可不可以把你比作满

天星辰？友善的行为虽小，却是实实在在地以我们每一个人为依托，用每一个小小的善行点亮一盏星星，让我们共同组成这充满温情的、绚丽的银河。

示例二

当华美的叶片落尽，生命的脉络才历历可寻。——爱尔兰诗人 叶芝

如果想要利用素材来达到使文章思想深刻、语言优美的效果，需要始终谨记这样一个原则——时刻注意名言名句中的“意象化词语”和“描述性词语”。

所谓“意象化词语”，便是此句中的“叶片”“生命的脉络”。这些意象既优美生动、富有意境，又可以包罗万象，承载你想要的几乎所有含义。如此，它们便可以与你文章中的论述对象或核心观点对应起来。用这个句子如何美化文章？看下面的实战段落：

诗人总是多情而敏感，能够看穿人世的真谛——叶芝曾说，“当华美的叶片落尽，生命的脉络才历历可寻”。诚然，经过精心的包装，言语可以被伪装，人情可以变虚浮，真心也会被蒙蔽。然而一切都抵不过时间带来的长久考验。一切的虚假终将脱下华美的外衣，像那叶片敌不过瑟瑟秋风，一一飘散落尽。此刻，我们便可以清晰地看见真诚的脉络——那才是真正朴实而恒久的东西。

所谓“描述性词语”，则类似此段文字中的“落尽”“历历可寻”等词，它们或许不能用作比喻、象征，却也并非毫无用处。写英语作文时，老师常常让我们用“高级词汇”替换“低级词汇”，此处同理。诗人和散文家的文笔灵活生动，我们在写作时便可以化用模仿。以后，我们也可以写“寒风乍起，秋叶落尽”来提升文章的气质，也可以写出“只要真心珍惜、潜心传承，传统文化的脉络便历历可寻”这样的句子啦。

示例三

一只手挡开命运笼罩着的绝望，同时，另一只手记下在废墟中看到的一切。——描述卡夫卡的句子

“描述卡夫卡的句子”，没错，这并不是一句名人名言。大家还记不记得在“PART 04”中提到一则和维特根斯坦有关的评论性文字？此处同样如此，只不过这次我们要解锁一种不一样的用法。大家可能注意到，这句话是缺少主语的，这就意味着你可以把它用在任何一个你需要描述的人或事上面。又或者，你也可以改变句子的内容而保留优美的句式。所谓语言美化，就是这样用你的积累来装点你的文章。

剩下的句子也当作小福利，留给大家自己探索应用吧！

1.每个人心中都有一团火，路过的人只看到烟。——荷兰画家 凡·高

2.或许你会想起我，像想起一朵永不重开的花朵。——俄罗斯诗人 叶赛宁

3.迷失的人就迷失了，相遇的人会再相遇。——日本作家 村上春树

4.一盆清水，编草为舟，我到我的海上去遨游。——中国诗人 何其芳

5.花开如火，也如寂寞。——中国诗人 顾城

6.我从遥远的地方来，到遥远的地方去，是地球上的朝圣者和陌生人。——中国作家 史铁生

7.玻璃晴朗，橘子辉煌。——中国诗人 北岛

8.把�杖插在土里，希望长出红花。把石子丢在水里，希望长出尾巴。把纸压在枕下，希望梦印成图画。——中国作家 贾平凹

9.让料峭春风为一早就等在门口的彩蝶吹开耶路撒冷的第一朵玫瑰。——法国小说家 普鲁斯特

10.什么是玫瑰？为了被斩首而生长的头颅。——叙利亚诗人 阿多尼斯

11.我步入丛林/因为我希望生活得有意义/我希望获得深刻/吸取生命中所有的精华/把非生命的一切都击溃/以免当我生命终结/发现自己从没活过——美国作家 梭罗

12.活在这珍贵的人间，太阳强烈，水波温柔。——中国诗人 海子

13.万头攒动，火树银花之处不必找我。——中国作家 木心

14.我终于相信，每一条走上的路，都有它不得不那样跋涉的理由。每一条要走下的路，都有它不得不选择的方向。——中国诗人 席慕蓉

15.旋转木马旋转了一辈子，却不知道该一路向前奔。只有这样，才可以自由。——中国画家 几米

16.愿你的生命有足够多的云翳，来造就一个美丽的黄昏。——中国诗人 冰心

17.每一个不曾起舞的日子，都是对生命的辜负。——德国哲学家 尼采

黑科技解密
1
10字素材变200字，
作文扩写急救包，
再也不愁写不够
字数

黑科技解密
2
这几种写法让作文从
标题精彩到结尾，
阅卷老师全程
无差评

黑科技解密
3
高考作文母题整体
行文剖析与鉴赏

学长说说说

Q 学长，前面讲了许多具体实用的方法，但是在初期面对一些生难的作文题目时，仍然找不到足够的素材，也写不出优美的语言，最后写作过程不流畅，时间很紧，有时候甚至写不够字数。有没有什么建议呀？

A 这个问题当然有解决的方法咯。在初期我们慢慢训练自己的素材和语言的时候，还可以尝试一种黑科技——素材扩写，将10字左右的素材想办法扩充成200字，就可以构成一个分论点啦。然后就再也不用愁字数不够了。在“PART 06”的第一个黑科技解密里面会有方法哦！

可以套用在整篇文章里，这些方法具体能起到什么作用呀？

A 所有的方法都是为了一个目的，即让你的行文流畅自然、有亮点，用某种方式将之前学的四大板块无缝串联，让阅卷老师看得开心，从而给你打一个令人满意的分数。

Q 还有一个问题就是，我虽然学习了前面的内容，在写一个分段的时候能够比较好地把握内容和言辞了，但是在通篇行文的时候仍然感到有点吃力。有没有什么解决方法呀？

A 各板块的方法掌握固然重要，但适用全文的方法我们当然也是不能忽略的啦！之前，我们分成了深度立意、行文逻辑、丰富内容和美化语言这四个大方向，逐级掌握写作的方法。那么，“PART 06”就是专门讲适用于全文的方法哟。

Q 在综述中曾提到了母题，我认为很有用，可是我不知道如何高效地利用母题范文，有什么好的方法吗？

A 问得很好呀，因为在母题的学习中，研究其范文是最重要的一环，我们能从中理清难题思路，从中填上我们的“素材空白区”。而下面的文章，我将从国家时事类、社会热点类两大部分为大家分析如何去高效利用母题范文。

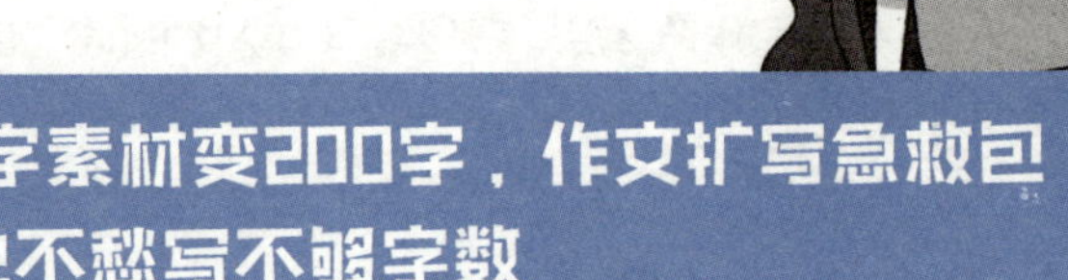

10字素材变200字，作文扩写急救包，再也不愁写不够字数

我们都知道高考议论文是以议论为主要表达方式，通过摆事实、讲道理，直接表达作者的观点和主张的常用文体。议论文三要素是论点、论据、论证。论据需要具体的事例来体现，而这就需要素材作为基本的支撑点和核心内容来进行扩展和丰富。素材积累和应用需要日积月累、长期练习的功夫。但是有时候，我们面对某个拿捏不准的主题，在焦急的情况下无法构思出足够的素材来匹配，也想不出素材库中可以引用化用的词句，怎么办呢？而本节要介绍的黑科技，是为这种素材应用的“急救”情况而来。我们将介绍在已经确立好论点的情况下，如何将一句话的事例扩写成200字的“论据+论证”。如果你也存在相关问题，那么本节内容或许会为你打开新世界的大门！

解密“素材填充扩写”

首先，“素材填充扩写”是举例论证的典型体现，是运用典型事例来证明论点的方法，通过列举典型事例，具体有力地证明中心论点，增强说服力。但是，单单靠事例，并不可以体现其中的道理，还需要通过议论文三要素中的“论证”来以理服人。

其次，“素材填充扩写”是一种从材料到观点、从个别到一般的写作思路，是从对许多个别事物的分析和研究中归纳出一个共同结论的推理形式的思考方式。在举个别事例时，不要求全面周到，只需举几个事例即可。举事例要求有一定的典型性，同时要考虑到尽可能多的角度，不要同类重复。

素材扩充急救包

1 引用论证

引用论证，就是引用名人名言或名人的观点等作为论据，引经据典地分析问题、说明道理的论证方法。可以引用的材料有名言警句、经典著作、谚语、成语、俗语、传说、古今诗文等。

我们在论证一个观点的时候，引用论证就相当于在表示：你看啊，不但我这么认为，而且那个谁也这么认为并且他还很厉害。接下来，我们就用同一个命题来体会引用论证的几种方法思路，这个例子比较简单，希望大家可以充分理解，举一反三呀！

【命题】请以“成功在于坚持”为论点，以曹雪芹的事迹为论据，进行论证。

【一句话素材】曹雪芹写文学巨著《红楼梦》时，生活凄凉、悲惨，但是他克服困难，取得了成功。

引用方法一

直接插入名人名言

曹雪芹写文学巨著《红楼梦》时，生活凄凉、悲惨，“举家食粥酒常赊”。但他克服困难，坚持写作，“披阅十载，增删五次”，“字字看来皆是血，十年辛苦不寻常”，以坚韧不拔的毅力，写出了中国古典小说中伟大的现实主义作品《红楼梦》。

这里只有不到一百字，暂时还不符合要求，后面还可以用其他的方法慢慢扩充。

引用方法二

联合排比

曹雪芹写文学巨著《红楼梦》时，“举家食粥酒常赊”是他现实生活的凄凉悲惨写照；“披阅十载，增删五次”是他克服困难的坚持执着写照；“字字看来皆是血，十年辛苦不寻常”是他坚韧不拔的毅力写照。他凭借着超乎常人的坚持，写出了中国古典小说中伟大的现实主义作品《红楼梦》。

引用方法三

简短翻译引用内容

曹雪芹写文学巨著《红楼梦》时，“举家食粥酒常赊”是他现实生活的凄凉悲惨写照，全家都是喝粥，酒水常常是赊回来的；“披阅十载，增删五次”是他克服困难的坚持执着写照，书稿修改了十多年，总共增删内容达到五次之多；“字字看来皆是血，十年辛苦不寻常”是他坚韧不拔的毅力写照，他费尽心力写书，字字看来都是血泪，十年辛苦的创作用心不寻常。他凭借着超乎常人的坚持，写出了中国古典小说中伟大的现实主义作品《红楼梦》。

2 套用句式“强行”论证

句式一

“如果……哪有……”

曹雪芹写文学巨著《红楼梦》时，生活凄凉、悲惨。但他克服困难，坚持写作，以坚韧不拔的毅力，写出了中国古典小说中伟大的现实主义作品《红楼梦》。如果没有他十几年的坚持，哪有几百万字的《红楼梦》？如果没有他十几年的坚持，哪有曹雪芹的千古留名？

句式二

“正是因为……”

心安，即找到心中净土。“斯是陋室，惟吾德馨。”刘禹锡被贬谪出京城，身居陋室却依然自在快活；室陋心不“陋”，“苔痕上阶绿，草色入帘青”。在如此陋室中仍有书籍相随，刘禹锡心中有净土，所以心安。正是因为心安，即使身处陋室，也感觉宽如天地间；正是因为心安，他乃是陋室之龙；正是因为心安，他亦是陋室之仙。试想，假如刘禹锡不能心安，他还会不受世俗、功名的羁绊，在小小的陋室之中过得如此快活吗？当然不会，因为心安让他安顿好心灵，找到自己心中的净土。

引用方法三

“试想……还会……？当然不会”

“斯是陋室，惟吾德馨。”刘禹锡被贬谪出京城，身居陋室却依然自在快活；室陋心不“陋”，“苔痕上阶绿，草色入帘青”。在如此陋室中仍有书籍相随，刘禹锡心中有净土，所以心安。正是因为心安，即使身处陋室，也感觉宽如天地间；正是因为心安，他乃是陋室之龙；正是因为心安，他亦是陋室之仙。试想，假如刘禹锡不能心安，他还会不受世俗、功名的羁绊，在小小的陋室之中过得如此快活吗？当然不会，因为心安让他安顿好心灵，找到自己心中的净土。

试想=反面说他没有什么
还会=就还会这么厉害吗
当然不会=解释原因
我们根据上面的示例再来看一下刚才举出的例子。

除了刚才讲到的那些句式，这里也列举出其他的一些句式内容供参考，它们的用法跟前面的举例是一致的，读者可以举一反三，将这些句式运用到自己的作文中：

如果不是……就没有……

假如……就（不）会……

没有……就没有……

如果（说）……那么……

有人可能会质疑：……？

诚然，……这种说法在……方面也有一定的道理。

然而，……是不合理的。

难道……？难道……？难道……？因此……

这几种写法让作文从标题精彩到结尾，阅卷老师全程无差评

“PART 02”到“PART 05”分别为大家从审题立意、逻辑框架、内容沉淀（即素材搜集运用）、语言美化这四大板块进行了详细的方法分析，可文章毕竟是一个整体，我们要看的是最后的行文，也就是要看这四大板块相互穿插，“你中有我，我中有你”，从而构成一个紧密的有机体。对于我们最后产出的整篇文章而言，它是否能在流畅自然的同时又不乏点睛之笔？是否能在道理深刻的同时内容又不干瘪？这既需要对四大板块的熟练掌握，更需要我们有整体意识，让我们的文章从标题精彩到结尾。我们不仅要精彩，还要将精彩一以贯之。这就要求我们用某种方式巧妙地将之前学的四大板块无缝衔接起来。接下来，我们就一起来学习三种能贯穿全文的写法吧，分别是化用句子、辩证运用与自述套路，它们听起来很难，但是实际上我们可以用前面几章积累的基础轻松地掌握并且运用自如哦！

化用句子

对于我们收集到的名人名言素材，有两种使用方法。一种就是大家最熟悉也最常用的直接引用法。但对于我们收集的句子，如果一直只停留在引用阶段，其实是一种“资源浪费”。这里给大家详细介绍第二种方法，即化用句子。它不需要以句子为中心，而是对其进行化用，做到以文章为中心。对于化用句子，也分为两种化用方式。第一种容易掌握，即将句子稍作修改以符合文章论点；第二种则需要一定的思考研究，做到以一个句子贯穿全文。

1 修改句子以符合文章论点

世界上有两件东西能震撼人们的心灵：一是我们头顶浩瀚灿烂的星空，一是我们心中崇高的道德法则。——德国哲学家 康德

在这个句子中，星空和道德是对象，一方面能体现星空的深邃、神秘，以感慨人类的渺小，表达对宇宙的敬畏，另一方面则指明了道德的重要性。而我们完全可以将星空和道德换成与自己文章论点相符合的对象。

可以化用成：“康德曾说，世界上有两件东西能震撼人们的心灵，一是我们头顶浩瀚灿烂的星空，一是我们心中崇高的道德法则。而在我心中，能震撼人们心灵的还有一件东西，那便是××。”

这样，我们便不必受限于句子，而真正做到服务文章。

2 一个句子贯穿全文

这种方法，我们从范文中学习吧！

智慧三境

一考生

①佛家有智慧三境：一曰看山是山，看水是水；二曰看山不是山，看水不是水；三曰看山还是山，看水还是水。现在我认为，智慧还能分为三境：山，海，天。

②第一境便是这山。山，屹立于大地之上，向来是高大、稳重的象征。

③因此，第二境便是这移动的海，海纳百川，有容乃大。

④比海还宽广的只有天，所以第三境便是天，但天不只是比海宽广。天，首先笼罩万物，无处不在；同时无形无象，不可捉摸。

⑤智慧三境，智慧逐渐增加，但人就得谦虚。山自认为可通天，海自认为围绕一切，但只有天知道：智慧无穷。就如同大圆与小圆，大圆面积比小圆大，但其接触的未知也比小圆多。因此，智慧虽可分为三境，但仍是无穷无尽的，就如同天外便是那星辰大海。所以，我们要做的便是尽自己所能，向着下一境，向着那无尽的天空——星辰大海进发。

【解析】这则题目是围绕智慧来做文章，而这篇范文以智慧三境来搭建全文，三个分论点分别对应三个境界，结构十分清晰。作者非常巧妙地将佛家的智慧三境化用为自己的智慧三境，并将这种化用变成了文章阐述的中心，由此贯穿全文。对于佛家智慧三境，大家可能相对不熟悉，但提到王国维的人间三境，相信大部分人都了解。在实际写作的过程中，我们能够化用的素材非常丰富，只要对掌握的素材留心思考，便能很自然地化用在全文中。

接下来，我们来看第二个例子，以加深对这种化用方式的理解。

绕树三匝，有枝可依

一考生

伫立江畔，极目远眺；秋风飒飒，黄叶漫天。曹孟德于《短歌行》中长吁短叹——“月明星稀，乌鹊南飞。绕树三匝，何枝可依？”人生路长，目的却始终如一——日行万步，有梦可做；人过千里，有枝可依。

雄鹰健壮，身姿迅猛，从鹫峰顶上俯冲而下，捕获猎物，这是它生存的本领，是它依附的“枝”。而乌鸦生来弱小，却一味模仿老鹰，自然事倍功半。诚然，乌鸦精神可嘉，却忘记衡量自身优劣长短，错依枝头。

物犹如此，人亦然。找准自己的位置，找到适合自己依附的“枝”，生命才能达到极致与完美，其价值才能最大限度地实现。一代先师孔子，初时以建立用“仁”治国的完美社会为志向，然不想周游列国未能成功，退而办学，因材施教，有教无类，弟子遍及天下；儒家观念，仁义礼智，高哲传世人。那，是他的“枝”。

然前有古人，星光灿烂；后有来者，群英堂堂——

马云三次高考，为的是圆自己一个“大学梦”，然而当梦想实现却发现前途迷茫时，他抓住机遇，“将来就做互联网！”那是1995年，阿里巴巴成立4年前，杭州师范大学的英语教师马云去了一趟美国西雅图，第一次接触互联网。而在国内，大众对互联网的了解几乎是空白。这个善抓机遇的年轻人，做出了如此大胆的决定，找到了他的“枝”。这两年，他马不停蹄地几乎绕了地球半圈，一边是给阿里巴巴3亿多的买家全球扫货，一边推介更宏大的中国梦。在伴随阿里巴巴成长的日子里，他说：“阿里巴巴的中国梦，就是服务全球。”有梦可做，有枝可依，令人动容。

中有智者，精神可鉴；外有大师，光华永留——

一代喜剧大师卓别林，年少时因相貌不佳总被人取笑。后来，在他的喜剧生涯中，这恰恰成为一种优势。他演的无声喜剧电影，达到了“无声胜有声”的境界。不得不说，事业的成功，离不开他正确认知自我并发挥了自身优势。那，是他的“枝”。世界首富比尔·盖茨，本是美国某著名大学的一名学生，然而当他感到大学所教的并不适合自己时，他便毅然离开学校，从事电脑研发、设计，取得了举世瞩目的成就，推动了电子科技的跨越式发展。那，是他的“枝”。

社会在发展，然道理仍未改变，找准自己的位置，找到适合自己的“枝”，生命才能绽放光彩。“绕树三匝，何枝可依？”绕树三匝，并非枝枝可依。因此，人不只需要勇于拼搏的精神，更应在出发前认清自己，只有二者兼备，才有可能走向成功。拥有自知与拼搏，光明就在你的眼前，努力过后，云开见月明。这时你便会发现——“绕树三匝，有枝可依！”

【解析】这篇文章是化用句子的优秀范例。曹操的一句“绕树三匝，何枝可依”向天发问，作者却巧妙对此问句进行肯定：有枝可依！行文洋洋洒洒，有理有据，可谓文采飞扬，举例到位。从标题、开头的引入到分论点的阐述、结尾升华，全文都在围绕着这一句诗展开，并且切合题意，非常完美地服务了文章主题。

不知道读者们从以上的分析中有没有对化用句子有了进一步的理解？学会对已有素材进行挖掘与思考，一定能让自己的文章更上一个档次！

辩证运用

对于一个体现辩证思维的句子，要如何将它化用在作文中？这其实是有挑战性的，因为辩证思维本就令一部分学生感到头痛。但依然建议大家要掌握好辩证的方法，因为拿高分的作文，往往在这方面会有所突出。

世间万物，辩证待之

一考生

道学学派的鼻祖老子有言：“有无相生，难易相成，长短相形，高下相盈，音声相和，前后相随。”几千年前的老子就道出矛盾的对立统一性。怕与不怕是相依相赖而存在的，没有绝对的畏惧或喜欢，一切取决于你的态度。有时，怕与不怕就像天平的两端，你起他就落，你落他便起。

“中学生有三怕：奥数、英文、周树人”成了流行语，一定有其根源。

何为畏惧？英国心理学家理查德·怀斯曼说：“畏惧是当一个人没有能力处理某一事物时产生的恐惧、退缩的情绪。”

在此，我便暂且以“怕奥数”为例来说明吧！众所周知，奥数是一门十分难学的学问，特别是文科生，更想对其敬而远之。我们可以把“奥数”理解为“深奥的数学”。对一般人而言，深奥的数学往往超出其承受范围，所以，同学们会对奥数产生畏惧感，怕触碰奥数；然而，俗话说“跳一跳，摸得到”，对于一些奥数成绩较好的同学，他们有能力去解决这一类问题，于是乎，他们对于奥数的喜爱便胜于害怕。

由此，我们得出一个结论：一个人害怕与否，其能力的高低是关键因素。

然而，我们也不能完全说是如此，大多数中学生智力相当，却还会出现害怕与不怕的区别。

林徽因说：“真正的平静，不是避开车马喧嚣，而是在心中修篱种菊。”而我要说：真正的不畏，不是避开难题，而是敢于直面问题。中国著名数学家华罗庚并不是一个数学天才，然而他有一颗强大的心。面对数学问题，他从不退缩、不逃避，反而选择直面难题，认真钻研，体味其中的乐趣。于是，他强了，畏惧便弱了，他对数学的喜爱也就多了一分。最终，他登上了数学的“高峰”。

徐志摩在《想飞》中说：“是人没有不想飞的，老是在这地面上爬着够多厌烦，不说别的。飞出这圈子，飞出这圈子……凌空去看一个明白——这才是做人的趣味，做人的权威，做人的交代。”怕与不怕，是相互依赖、相互依存的，只要你鼓起勇气，坚定你那颗追求向上的心，直面问题，你的喜爱便会战胜畏惧，你便会攀上高峰。

【解析】首先，大家都注意到了老子的那句“有无相生，难易相成，长短相形，高下相盈，音声相和，前后相随”。不知道大家搜集到这类素材会不会下意识地躲避，因为它既是古文不好理解，又体现了较强的辩证思维。很多人会觉得这样的素材很难运用到文章里。但当它为你的文章服务时，你会发现其并不复杂，因为这个句子本身的内核无非是一种辩证思维，即两个事物虽相互对立，却相互影响、相互依赖。你只需要通过这个句子帮你引出对两个相联系的事物的探讨即可。

正如这篇文章，并没有对老子的句子进行深入挖掘，只是用其引出对怕与不怕的分析。所以，不妨给自己收集几则体现辩证性的素材，并去了解它们的意思，在作文需要体现辩证思维的时候，就用它们来为自己引出论述吧！

自述套路

自述套路意味着作者将从第一人称的角度行文。

如面对一篇主题为勇气的文章时，从第一人称“我”的角度来写勇气，文章逻辑架构可表现为——

我是勇气，我曾经穿越山川和海洋，战胜酷暑与严寒，抵达胜利的彼岸。（中心论点）

我曾经被一个巨浪击碎，在穿越重洋万里后，被击退到荒无一人的沙滩上。我因此而彷徨不安，不知是否应当继续前行。（分论点）

接着，便可以用递进式逻辑——从曾经失去勇气到克服心理障碍再到获得成功这三重逻辑——展开全文，并在每个分论点后引用相应的名人事例，仍然可以从第一人称的角度写，如："我看到在昏暗的灯光下，海涅坚决没有向命运妥协"作为段首引言，从而自然过渡到人物事例的描写。

自述套路这一方法运用的机会可能不会太多，却非常新颖，能够吸引阅卷老师的眼球，读者如果遇到一篇适用的，不妨尝试一下。当然，也要保证不偏题，运用得当。

一只羊的自述

一考生

低平的山丘、碧绿的草野、安宁的小泊。在这片如同仙境一般的草原之上，我同往常一样，咀嚼着芳美的嫩草，吸吮着它的汁液。

又是一年春，今年的草长得比往年的还旺，味儿比以前的更鲜！牧羊人今天总算带我们来对地方了。前几天那地方的草全是干巴巴的草，涩口难嚼，贝加尔湖畔鲜草果然名不虚传呀，咬一口汁都要喷出来！

我在湖边，俯下身去，用舌头轻轻地舔了舔湖水，湖面瞬间泛起了圈圈波纹。初春的湖水没有退去寒意，饮一口水，沁人心脾。

粼粼微波之中，荡漾着牧羊人孤单的身影。草原是如此的广袤，而他是如此的渺小。

他坐在草上，双手盘着脚，呆呆地望向南方，眼里好像有一条幽深的隧道。

"汉……汉……"他轻声地叹着，我不知道这句话是叹息，还是呼唤。

难道，他的名字是"汉"？

哦，不，不对，昨天另一个男人来找他的时候，明明叫了他的名字——苏武。

奇怪，那他究竟在说什么呢？

风，掠过湖面，吹起了团团波纹，温和地吹起了他披散着的头发。

这个人真是奇怪，把一大把银丝绑在自己的头上，以为自己有多么时髦？还不如我洁白浓密的毛好看呢！

他又理了理自己杂乱的头发，举起手来那一刹那，我才发现，他的手居然一点都不胖，反而皮包骨，一点儿都不好看，而且和他的脸一样黑，布满了一道又一道深深的印痕。

真没劲，我转过头去，自顾自地享用着我的青草大餐。

太阳慢慢落下来，染红了天空的云彩，也染红了我同伴的毛。

太阳快下山了，再不多吃草就只能等明天了。我不再管这个人了，他还在那儿自言自语呢！说什么“天子”，说什么“匈奴”，说什么“为国效力”，谁又能听清呢？

他对着红日，唱着低沉的歌，一会儿用手摸一摸褪了色的小木棍。词儿唱了些啥，我也没有听清。只听见他嘴中长长的曲儿，像哭，像号……不过我记得，昨天下午他和另一个男人喝酒之后，唱的也是这个。

我望着他的背影，伫立在漫天的橙黄之中。橙色的光是温暖的，照在他的身上却有些冷清。他那破烂的袍子好像很单薄，还补着好几大块粗烂的补丁，肯定还不如我的毛暖和。

他有点冷吧。

我突然想靠过去，用我的毛去蹭蹭他。

【解析】相比开头提及的从第一人称的角度写“勇气”的例子，这篇范文中的自述方式稍微有所不同。本篇其实是运用拟人手法，想象自己是苏武放的一只羊，从侧面描写了苏武牧羊时，在异国他乡对大汉的忠诚及思念。羊不理解牧羊人，也听不清他在说些什么，象征了苏武的忠贞并不被人所知所听到。从刚开始羊对牧羊人的不理解，到后来羊觉得他孤单，觉得他冷，想去蹭蹭他，也给这篇文章增加了人性的温度。

以上三种方法都是能贯穿全文的套路，可以让你的文章流畅自然、富有吸引力，即便是能熟悉掌握一种，也能为你的文章增添不少色彩。

高考作文母题整体行文剖析与鉴赏

在“PART 01”黑科技解密1的部分，我们介绍了何为母题，并且通过几个例子进一步分析了母题与子题之间是如何相联系的。这里再次建议大家多多研究过去高考（无论是全国卷还是地方卷）中出现的高考作文题，透过其主题洞察背后的本质，通过以往优秀范文积累素材、语言和贯穿全文的特殊方法技巧，思考从任一母题到子题的变化过程中，我们如何将前人的优秀创作化为己用。当然，除了广撒网训练自己的思维和通篇行文外，也需要强调一下，母题中我们特别需要重点关注那些难题——所谓难题，也就是我们读完材料后没有思路、没有话说的题目。而且对于这些难题，最好的研究方式还是去解读它们的范文，看看满分作文的思路、内容是什么。这种研究方式能带给我们不少启发。所以，接下来，我们就一起解读几篇母题的范文，并学习如何从中借鉴，套用在子题上。

真题剖析

1 母题再现

今年是我国恢复高考制度30周年。尽管社会上对高考众说纷纭，但不能否认的是，有许多人通过高考改变了自己的命运。亲爱的同学，也许你高中三年的学习、生活都围绕着高考，有许多经历和见闻要记录，有许多感悟和认识要诉说……

请以“酸甜苦辣说高考”为话题，写一篇文章。

要求：①所写内容必须在话题范围之内；②题目自拟；③立意自定；④除诗歌外，文体不限；⑤不少于800字；⑥不得抄袭。（2007年重庆卷）

2 行文点拨

看范文之前，我们先一起分析一下这道题目。首先，这道题目的大背景很明确，即恢复高考制度30周年。

对于高考考生而言，高考自是息息相关，所以材料中也明确点出了“有许多经历和见闻要记录，有许多感悟和认识要诉说……”如此，这篇文章的方向已经十分清晰了，便是围绕自身的经历与体会来写你心目中的高考。同时再注意到题目中的“酸甜苦辣”，其实便是在强调高考所带来的体会是丰富的，要从多个方面去阐述它，不能只停留在一种情绪上。当然，围绕自身的经历与体会并非说只能叙述自己的经历，相反，对于高考这样的为国家选拔人才的大事，从一个宏观的角度去写，即从高考历史、高考意义这些方面去写，是更有思想深度、夺老师眼球的，但这种写法也相对困难。

梦里花开

一考生

我们在过去与未来，在时光的边缘，寻找属于自己的梦。只为在梦里，听见花开的声音。

——写在前面的话

因为高考，这个六月，注定不平凡。

走在考场外，放眼望去，是黑压压的人群：焦急等待的家长，维护秩序的警察，等待着的老师，还有停在车场的车辆……雨幕里，我透过黄色的警戒线，似乎看到了高考的庄严与神圣，以及那些拳拳爱子之心……

的确，你来了，以你固有的步伐在万众瞩目中姗姗而来。

曾经为你牵肠挂肚，曾经为你辗转难眠，也曾为你食不知味。在过往的日日夜夜里，关注着你的一举一动，搜集着你的信息，点点滴滴。你就像一个偷梦的人，偷走了很多很多如我一般的人的梦，牵扯着成千上万人的心。你却离我们远远的，让我们在寻梦的路上只能想象你的模样、梦的模样——指引我们一步一步前行，走到你所在的位置，寻找自己的梦。

可是，你离我们如此遥远，以至于我们行走了十二年才依稀看见你的身影，看见梦的幻象。

而今，你来了，带着我们的梦走来。而我们，还有一条河的距离。你，站在河的那岸，向站在此岸的我们，招手，微笑。

在你的笑容里，我看见的，是自己一路走来的艰辛与甜蜜。考试是荆棘，布满来的路。曾经为被荆棘划伤皮肤的疼痛而哭过，也曾为在通往梦想的路上找不到方向而感到迷茫，也曾经为在荆棘丛林里得到娇艳的花而开心地笑过，更为被荆棘弄得伤痕累累而疼得身心疲惫……

还有，今天下午5:00之后，我们的高中生活，就此结束。这是我们的青春的告别。那些知了的喧嚣，那些树木在炽热的路面投下的斑驳的树影，那些写在黑板上的密密麻麻的字，那些匆忙穿过的路，那些仰望过的天空与流岚，此时全都隐没在这个夏天，那么彻底……于是，我们曾经的牵肠挂肚，过往的得与失，昔日的刻骨铭心，在英语考试结束铃声响起的那一刻，便注定成为过眼云烟。

那句歌词：总以为毕业遥遥无期，转眼就各奔东西……多么真实！我的毕业期，也就在不远的今晚，过了这一晚，以后，真的要各奔天涯了。

如此种种，在走向你的路上，一点一点地累积，然后沉淀在心的河床上，成为久远的心事。

那些往事，让我们痛，并快乐着。然后，怀着或欢欣或失落的心情奔向我们的未来。不管怎样，不要有任何遗憾，时光与年华，谁也输不起。

我相信，不必等到年华流尽，我就可以听见花开的声音。

【解析】在与子题联系之前，我们先单独看看这篇范文有什么特色。

（1）结构清晰，以时间的顺序排列，彰显了考生对于高考逐梦的期盼，并从一点一滴的回忆中体现了“我”的感受，酸甜苦辣应有尽有。

（2）以花开代指梦想的实现。文章没有拘泥于高考这个过程本身，而是连接了过去与未来，情绪更加饱满。

（3）将高考拟人化，通过第二人称，把高考这件严肃、令人紧张的事情写得有人情味，以此体现了作者对高考的独特感受。

3 思考提升

今年是我国恢复高考40周年。40年来，高考为国选才，推动了教育改革与社会进步，取得了举世瞩目的成就。40年来，高考激扬梦想，凝聚着几代青年的集体记忆与个人情感，饱含着无数家庭的泪珠汗水与笑语欢声。想当年，1977年的高考标志着一个时代的拐点。看今天，你正与全国千万考生一起奋战在2017年的高考考场上。

要求：请以“我看高考”或“我的高考”为副标题，写一篇文章。要求选好角度，确定立意；明确文体，自拟标题；不要套作，不得抄袭；不少于800字。（2017年全国卷Ⅲ）

【解析】母题与子题之间的联系可以说是十分明显了。恢复高考30周年与40周年，都让考生围绕高考来做文章。而2017年全国卷Ⅲ的方向也很清晰，题目中的“我看高考”和“我的高考”其实就给大家分出了两个写作角度。“我看高考”主要是从宏观层面去写，即前面也提到的高考历史、高考意义等；“我的高考”即从个人经历与感受角度去谈，分析下来，和母题思路几乎一样。

那么，母题的范文完全就可以拿来换上“我的高考”这一标题了。我们虽不能套作，但是学习范文的思路、吸收它的内容还是可以的。

首先，如果从“我的高考”角度去写，我们最应该学习的便是范文中清晰的时间线。这既能帮助我们在考场上迅速理清思路，也能让我们的文章结构清晰。其次，我们可以借鉴的便是范文中的拟人化修辞，毕竟高考于我们是感触极深的，第二人称有助于我们抒发情感，也能拉近我们与阅卷老师的距离。最后，便是我们要把握好“记叙”与“议论”之间的度，因为结合自身经历，叙事是难免，但许多考生在叙事中容易啰唆又体现不出情感。范文的语言便是一个很好的学习对象，既不拖沓，情感也十分真挚。

而对于“我看高考”这一难驾驭的角度，便可以考虑用从过去到现在到未来的递进式逻辑，从高考自身的变化与在此过程中的社会作用等角度行文。虽然说高考这一主题一时间是不会再考了，但这其实给了我们一个很大的启发，也进一步说明了为什么需要收集母题中的难题：因为这样你才能收集难题话题的相关素材，去更好地把握它们。

比如，你看到一则考查绿色生态的母题，你发现自己在这一块的素材几乎为空白，碰上这类文章不知道写些什么，那母题的作用就大大发挥出来了。所以，根据自身情况去筛选出母题，是很关键的。

真题剖析

1 母题再现

据美国全球语言研究所公布的全球二十一世纪十大新闻，其中有关中国作为经济和政治大国崛起的新闻名列首位，成为全球最大的新闻。该所跟踪了全球75万家纸媒体、电子媒体及互联网信息，发现其中报道中国崛起的信息有3亿多条。那么，中国的崛起主要有什么值得称道和关注的特点呢？《中国青年报》和新浪网在中国网民中进行了调查，结果排在前六名的分别是经济成就、国际影响、民生改善、科技水平、城市化进程和开放程度。

请根据以上材料，谈谈自己的所思、所想；选择一个恰当的角度，题目自拟，文体不限(除诗歌外)；不要脱离材料的含义，不要套作，不得抄袭。（2011年新课标全国卷）

2 行文点拨

我们知道，对于国家时事类材料，最常用的解读便是抓关键词法和提炼中心法。这段材料一直在强调的其实就是中国崛起。而关键词也十分明显，即经济成就、国际影响、民生改善、科技水平、城市化进程和开放程度。

那么，从中可以得出两个写作方向，但中心都一样，即讴歌祖国的崛起并表达对未来发展的信心。第一个方向即从一个关键词入手，围绕选定的关键词进行挖掘，并要紧扣中心。第二个方向便是选取几个关键词，可以利用并列式的框架去展现祖国的发展。

迎接另一个晨曦

一考生

新者，常新。

——题记

沉睡的狮子，醒了。这是中国给世界的信号。一传于十，十传于百，“中国崛起”成为年度词语，中国正走向世界，世界也在触碰中国。中国崛起，成为21世纪的最大新闻，短短四个字，彰显了一个新的时代。

这是新闻，并且永不过时。中国之崛起，日日存新。开放拥抱走进世界，中国崛起新者常新，迎接另一个晨曦，带来全新空气。于我而言，开放，或许是中国崛起的代言。

有如利剑两把，直指历史，放眼未来。也许是张骞系紧驼背上的珍宝瓷器、珠玉丝绸，驼铃响彻河西走廊金黄的山野里，飘散在豪壮的风沙中；也许是“千官望长安，万国拜大唐”的诗句已经深入各国的使节之心，科举走出国门，大化改新追随盛唐脚步；也许是师夷长技以自强求富，再到大踏步走入联合国；也许是一夜崛起的深圳新城、腾飞脚步的浦东新区，开放，飘散和平的乐曲，展开盛唐的博大，迈起稳健的步伐，唱响泱泱华夏，堂堂中国，以中为上，以中为大。破开尘封之过去，丝路山水一卷青蓝点翠；打开耀眼之未来，“一带一路”一曲华夏新篇。新者常新，变者常变。

有如一折京戏，生旦净丑，全面开演。你看那一声怒吼，刀枪剑戟斧钺钩叉，是改革开放破旧立新，建立经济开放区；是勇气，直面挑战，发展改革，刻不容缓。你看那一曲迎客之歌，是引进来开放合作，共商共建共享；是盛宴之上，人类命运共同体的走向。你看那一颦一笑，手如柔荑，肤如凝脂，巧笑倩兮，美目盼兮，是走向世界的诗词歌赋、敦煌故宫，文化开放，百家争鸣。敲锣打鼓，是中国气派、中国风采、中国格局、中国崛起。开放苟日新，日日新，又日新，是新者常新。

开放，张开双臂，迈开双腿，迎接世界，走向未来；崛起，是新者常新、变者常变，这崛起，将永远是新闻，因为每天的崛起与开放，中国都换一种姿态。

迎接另一个晨曦，中国已经崛起，也将要崛起；中国已经开放，也将要更加开放。

势如红日，其道大光，河出伏流，一泻汪洋，潜龙腾渊，鳞爪飞扬，乳虎啸谷，百兽震惶。纵有千古，横有八荒，前途似海，来日方长。

你看到的是中国，她正走向你。

【解析】语言上，这篇范文文辞优美。这篇范文给我们最直观的感受应该就是语言，可以说是从标题出彩到结尾。立意上，面对这类作文题，大部分同学可能都不会想到要确定一个集中的立意，只想到很宽泛地写中国所获得的成就，最终呈现在文章中的则是零散的几个分论点，没有内在的逻辑关联。这篇范文则将中心论点定为“开放，或许是中国崛起的代言”，全文围绕中国的开放来写。这是值得大家借鉴的——所谓优秀的立意，特别是像这类好像什么都可以写的文章，要防止散乱，防止什么都写（什么都写了的结局是什么都不写）。那么——

第一种方法，最好把立意放在一个逻辑串联的点上。比如说中国崛起最根本的是经济成就，经济成就高的原因有科技水平的提升、开放程度的提升等，经济成就高产生的结果是民生改善、城市化进程加快等。此种方法也可包罗万象，但是有一条主线贯穿全文，文章就有深度。这种立意方法适合素材积累杂而不精的同学。

第二种方法，把立意集中于某个点。比如这篇文章，就集中于“开放，或许是中国崛起的代言”这句话。这种立意方法适合掌握素材更多、能对素材深度挖掘的同学。

一定要记住，在思考立意的大方向时，要看看自己的素材库。

3 思考提升

据近期一项对来华留学生的调查，他们较为关注的“中国关键词”有：一带一路、大熊猫、广场舞、中华美食、长城、共享单车、京剧、空气污染、美丽乡村、食品安全、高铁、移动支付。

请从中选择两三个关键词来呈现你所认识的中国，写一篇文章帮助外国青年读懂中国。要求选好关键词，使之形成有机的关联；选好角度，明确文体，自拟标题；不要套作，不得抄袭，不少于800字。（2017年全国卷Ⅰ）

【解析】这则材料相信大家都十分熟悉，而材料给出的要求也很明确，即从“中国关键词”中选出两三个，使之形成有机的关联，并以此帮外国青年读懂中国。

你可能会说，母题与子题之间的关键词一个宏观、一个微观，好像没有什么参考性。别急，我们来分析一下。

子题的要求是帮助外国青年读懂中国，那么需要讲好中国故事，自然就少不了可以代表中国的名片，所以你可以看到关键词中大部分是优秀传统文化的代表或当今时代发展的硕果。而母题中的“经济成就、国际影响、民生改善、科技水平、城市化进程和开放程度”等，无一不对应子题中的一些具体元素，如“一带一路”对应“经济成就”和“开放程度”等——也就是说，很大程度上，语言是共用的，论证方式也是共用的。

1 母题再现

阅读下面的材料，根据要求写一篇不少于800字的文章。（2010年全国卷Ⅱ）

今年世界读书日这天，网上展开了关于“浅阅读”的讨论。

甲：什么是浅阅读？

乙：就是追求简单轻松、实用有趣的阅读嘛，浅阅读很时髦。

丙：如今是读图时代，人们喜欢视觉上的冲击和享受。

丁：浅阅读就像吃快餐，好吃没营养，积累不了什么知识。

乙：社会竞争激烈，生活节奏这么快，大家压力这么大，我想深阅读，慢慢品味，行吗？

丙：人人都有自己的阅读喜好，浅阅读流行，阅读就更个性化和多样化了，挺好。

丁：我很怀念过去的日子——斜倚在书店的一角，默默地读书，天黑了都不知道。

甲：浅阅读中，我们是不是失去了什么？

2 行文点拨

这道题虽然时间比较久远，但它所讨论的话题直到今天还在不断地被提起、被审视。特别是在当下电子阅读兴起、纸质阅读衰落、“碎片化”阅读流行的大背景下，更需要我们回过头来思考：对于“过去的日子”，我们就真的让它悄无声息地过去吗？在生活方式的新陈代谢不断加速的过程中，“我们是不是失去了什么？”

从材料中四位网友的对话中，我们会比较容易发现，题目的要求即是让我们将“浅阅读”和“深阅读”进行对比，并表达自己的观点立场。那么，可以从哪些方面来进行对比呢？细读对话便可以有所启发：

“什么是浅阅读”——深浅阅读的具体含义

“如今是读图时代”“社会竞争激烈，生活节奏这么快，大家压力这么大”——背景

“浅阅读就像吃快餐，好吃没营养，积累不了什么知识”——阅读目的

“人人都有自己的阅读喜好”——每个人的阅读习惯和生活方式

“我很怀念过去的日子”“我们是不是失去了什么”——阅读方式改变带来的其他变化

经过这样的分析，还怕写作文没有思路、没有“灵感”吗？接下来，就可以根据以上分析梳理出自己的思路。

初级立意：赞同其中一方，反对另一方

高级立意：辩证分析，二者各取其长处

阅读之味，愈久愈深

一考生

“真正的阅读，可以发生在喧嚣的人海，也可以坐落在冷峻的沙漠。”毕淑敏的这一席话，仿佛将我拉入了一个与世隔绝的“桃花源”。在那里，我可以忽略外界环境的影响，不再置身俗尘的繁杂中，只管肆意地，与文人们在辽阔天地间畅快交谈，去感受一颗心灵与另一颗心灵的撞击就好。而这样的理想状态，只有深阅读，才能给予。（开篇表明立场。）

要是在此之前，我不会在“阅读”这一美好的词汇前，硬生生地给它套上“深”这一形容。可随着科技的飞速发展以及信息时代的来临，人们的生活节奏也在不断加快。我们的一分一秒，都变得极其珍贵；我们的注意力，也被每天扑面而来的信息分散。

于是，“深阅读”与“浅阅读”应运而生。深阅读，便是我们之前所说的传统阅读。它需要我们静下心来，去细细品读那凝结着作者思想与智慧的作品。而浅阅读，则是粗略地、浮躁地扫过那一个个文字。在我看来，浅阅读与深阅读最大的区别，不是所谓如电子书与纸质书载体的不同，也不是如文字与图片形式的不同，而是我们对阅读所抱有的期待不同。浅阅读时，我们期待着能利用最少的阅读时间换取最大的效益，阅读要为我所利；深阅读时，我们则期待着一次异国旅行、一场文化盛宴，阅读是纯粹的、热爱的。

深阅读所带给我们的意义和作用，是浅阅读难以企及的。（深浅阅读的对比，并由此引出深阅读的优点。）

对个人而言，深阅读带给我们的是心灵的平静、是知识的无界、是思想的升华。在一个朦胧的清晨，不用去想窗外的大厦多么高耸入云，不用去想街市的霓虹灯多么五光十色，只要手捧一本喜爱的书，就能和陶渊明一同“结庐在人境，而无车马喧”，让心灵归于平静；在一个休憩的午后，温一壶茶，执起一部文人志士的作品反复品读，就能和韩愈一同明白“学海无涯苦作舟”，知识实如天空般无边无际；在一个万籁俱寂的夜晚，关上电视与手机，拿起一本经典著作细细回味，就能在思想的盛宴里渐渐丰富自己的认识，来一次精神上的洗礼。（阐述深阅读的优点。）

不只是对个人，当深阅读能渗透在我们每一个人的生活中，这个社会也会一起慢下来，在发展的同时，不忘停下脚步去欣赏生活、欣赏美。正如当今一家家实体独立书店被更多人所支持、一项项大力提倡深阅读的政策被更多人所重视，社会正在向深阅读招手，也正在向浅阅读所带来的浮躁、

【解析】这篇文章胜在逻辑清晰、观点鲜明。开篇先是借毕淑敏之言引出了阅读的重要性，随即清晰地表明立场、提出中心论点。在语言和素材上，这篇文章不算特别出众，其中有很多引用都是在课本上出现过的内容。不过，这也给我们提供了借鉴。因此，在素材、语言不够出彩的情况下，如果在你的文章中可以把逻辑性、辩证思维性表现得很好，一样可以得高分。

浅薄说不。

阅读之味，愈久愈深。而这一美好的体验，唯有深阅读才能给予。（再次点明全文主旨。）怀念深阅读……

深浅之益，皆不可失

一考生

浅阅读，即一种当下流行的网上快速读书方式。由此我想到一个词——“深阅读”，即传统的由浅入深、循序渐进的一种读书方式。（对小议的对象“浅阅读”与“深阅读”做出阐释。）我认为，只有将这传统与现代完美融合，我们才能成为新的读书一族。社会在高速发展，读书文化受到冲击无可非议，所以要完全摈除网络对读书的影响是不可能的，与其厌之，不如乐意受之，并完美用之。（结合社会背景提出观点。）

所以，我要说的是，浅阅读，我们要乐意受之，完美用之。（再次强调并简洁展示论点。）

于午后捧一杯香茗，微风拂过，翻起页页泛黄的书角，感受书的香韵，这是何等惬意！是这传人经典、授人美德的书教会我们孔子的谦虚为德——“三人行，必有我师焉。择其善者而从之，其不善者而改之”。是这传人傲骨、给人热血的书呐喊出鲁迅的“横眉冷对千夫指，俯首甘为孺子牛”的热血沸腾的革命情结，激励着多少热血青年，鼓励着多少澎湃的心。是这豪放与婉约的孪生姐妹，教我们吟唱出易安的种种凄迷：“云中谁寄锦书来，雁字回时，月满西楼。”也教我们审度了东坡的傲岸不羁：“大江东去，浪淘尽，千古风流人物。”是的，这人类的精神食粮、母语的精髓浑厚，我们不能遗弃，它是我们沸腾的热血，是我们不能丢的根。所以，那些斜倚在书店一角，默默地读书，不知天黑的日子不能丢，如果你丢了，虔诚地捡拾那些日子。（分析深阅读的益处。）

但是，与在图书馆默默沉浸截然不同的“浅阅读”我们也不能丢，而且丢不了。

浅阅读以快速获取信息为目的，所以在日常生活中，浅阅读不失为一种准确、快速获取信息的好方法。在这个信息大爆炸的时代，没有浅阅读，只知徜徉于古典读书方式的你，很可能会被这个时代抛弃。为了开阔眼界，为了获取信息，为了成为时尚的现代人，为了高效率地学习、工作，浅阅读不可丢、不能丢。（分析浅阅读的益处。）

若心灵需要一剂温热的良药，那么请选择我所说的深阅读，于午后，捧一杯香茗，聆听书中的多愁与善感，给迷失的心灵一份滋养；若你苦恼于桌前大堆的工作，不妨打开网页，开始百度一下……（辩证思考，二者兼取。）

让深阅读与浅阅读像一对孪生姐妹一样步入我们现代人的心扉，让你我做个张弛有度、亦“深”亦“浅”的现代人。

深浅结合，相得益彰。（升华中心论点。）

【解析】大部分同学在看到这个题目的时候，可能首先会想到“批判浅阅读，支持深阅读”的立意。不得不说这是一个比较好写的方向。但如果我们一味地批判浅阅读，是比较片面的。举个例子，我们在公交车上等场合的碎片化的时间，完全可以利用起来，看一些短新闻、短评，都可以开阔自己的视野。范文就是从这样的立意出发来展开议论的。值得注意的是，范文并没有否定深阅读。即深阅读还是必要的，我们可以把浅阅读作为深阅读的一种辅助、一种补充。那么，加上“肯定深阅读”这一部分有什么必要呢？范文作者在告诉阅卷老师，他这样写并没有背离主流价值观。他认为浅阅读也是需要的，可以把浅阅读作为深阅读的一种补充，深阅读仍然是不可丢弃的，仍是需要着重培养的，在此基础上，再接着进行对浅阅读的议论。

3 思考提升

在阅读方式多元化的今天，你可以通过手机、电脑等电子设备，在宽广无垠的网络空间中汲取知识；你可以借助多媒体技术，“悦读”有形有色、有声有像的中外名著；你也可以继续手捧传统的纸质书本，享受在墨海书香中与古圣今贤对话的乐趣……当代青年渴求新知，眼界开阔，个性鲜明，在阅读方式的选择上不拘一格。请围绕自己的阅读方式，结合个人的体验和思考，谈谈“我的青春阅读”。

要求：①自选角度，自拟标题；②文体不限（诗歌除外），文体特征鲜明；③不少于800字；④不得抄袭，不得套作。（2016年天津卷）

【解析】天津卷“我的青春阅读”，材料中最关键的一句话应该是“当代青年渴求新知，眼界开阔，个性鲜明，在阅读方式的选择上不拘一格”。如何理解“阅读方式”？选择不同的阅读方式，对吸收的效果（阅读的深浅）有没有影响？有了之前的思考，说不定可以为这篇作文的立意提供一些灵感。

真题剖析

1 母题再现

阅读漫画，结合材料的内容和语义，选好角度，确定立意，明确文体，自拟标题，写一篇不少于800字的文章。（2016年全国卷Ⅰ）

2 行文点拨

阅读这幅漫画，我们可以提取出什么信息？首先是漫画涉及的人物（主体）：画中人是奖惩的接受者——两个小孩（受教育者），手拿成绩单，脸上有掌印和吻痕。画外人则是分数的判定者、奖惩的实施者，即老师或家长（教育者）。接下来再重点看几个关键意象：成绩单、掌印、吻痕，分别代表什么？结合实际可以知道，成绩单是一定时期内学生学习成果的体现，掌印代表惩罚，吻痕代表奖励。

横向来看：在第一次考试中，甲考生考了100分，愉快地得到了“亲吻”的奖励；而乙考生考了55分，沮丧地得到了“掌嘴”的惩罚。在第二次考试中，甲考生考了98分，却沮丧地得到了“掌嘴”的惩罚；乙考生考了61分，却愉快地得到了“亲吻”的奖励。纵向来看，同一个孩子都有“进步”与“退步”，即使浮动微小，奖惩也截然相反。综上，可以把漫画总结为一句话：两个孩子由于分数不同而得到了不同的奖惩。

予教育以温度的力量

一考生

一枚亲吻，一个巴掌，一抹微笑，一声叹息。我们很遗憾地发现这一切仅仅源自孩子们手中那鲜红却冰冷的数字。教育是人与人之间知识的传递、情感的表达，怎能仅以数字为准，而缺失了人性的温度？予教育以温度的力量，让它不仅重视成绩高低，更关注灵动个体；不仅培育“标准”，更养成个性；不仅冷酷地评判对错，更有光有爱、有暖有情。

予教育温度，愿从爱出发，勿忘初心。（层次一：教育的初心、“是什么”）

“所有成功者都是大梦想家。”学生的梦想在教育中萌芽，更需要被小心保护，悉心浇灌。而当“教育”最终仅化身张张考卷，我们确有必要自问：师者的初心，究竟是什么？我想，是引导激发，而不是灌输知识；是鼓励从善，而不是理解规范；是丰盈灵魂，而不是掌握技艺；是温暖心灵，而不是强化记忆；是点亮人生，而不是预知未来。看泱泱华夏千年文明，颠沛流离而魂魄不散，历经灾厄而总能重生——正是因为无数教育者的满腔热血与爱心，才有了文化传承；有了文化的传承，才有了血脉的延续。以爱为本，教育可冷静而不应冷漠；我们需要热忱为知识注入温度，需要真情为教育注入力量。

予教育温度，愿在教育过程中塑造明媚的灵魂。（层次二：教育的过程、“怎么办”）

“唯分数论”“考试至上”，如今我们已见怪不怪。许多老师、家长对孩子的评价，往往只关注成绩而忽视其他——成长的过程似乎正被忽略。师者，传道授业，难道唯以分数论成败？这确有历史惯性根植其中——当年科举取士渐趋僵化，八股作文，字字小心，不知埋没多少人才。然而，回望漫漫来路，回到最初的时光，我们不妨问问那位伟大的教育家孔子，到底什么才是教育？他循循善诱，他关注个体差异，他发现每个学生的闪光点……而如今，教育远离以德化人的初衷，用冰冷刻板的标准将一个个鲜活稚嫩的灵魂放进条条框框，我们不能，更于心不忍。

予教育温度，更愿能用教育助学生走向温暖的未来。（层次三：教育的目的、“为什么”）

铃声、班级、标准化的课堂、统一的教材、按照时间编排的流水线场景……如此“教育”为工业时代“制造”着“实用人才”。然而，将学生置于“标准化生产”之下，再成批送上考场以求金榜题名，便是教育的目的吗？学会了如何做题拿分，可他们又怎样学习做人和爱人，尊重人和帮助人？一个想象大胆的人、一个情感丰富的人、一个人格健全的人、一个精神崇高的人，难道不是既优秀又幸福的人吗？我们强迫孩子用死记硬背代替想象与创造，用追求高分代替素质的全面提高，追求功利而忽视健全人格，得不偿失。

让教育更具温情，予教育以温度的力量，愿这殷殷关切如同我们头顶的苍穹，日升月落，亘古如斯。即便时代发展的滚滚浪潮将我们追逐又将我们吞没，仍要时常回首，不忘初心。让教育如同朝霞，为学生的成长打下温柔底色，让朝霞的融融暖意与我们一生同行。

【解析】这篇文章是典型的递进式结构，而且把“教育过程”的逻辑和“是一为一怎”的逻辑融合在一起。这篇文章意在从题中分析出的一系列“不合理”入手去写“合理”。漫画实际上展示的是教育这个整体的一个横截面，是整个教育过程的一个瞬间，从这个瞬间入手可以去倒推出整个过程。具体地说，我们看到的是“教育”取得阶段性成果的一个瞬间，我们可以说这张成绩单是某些教育者（老师、家长）教育的目标和结果，但是这样合理吗？我们再往前推，这样的结果及他们处理结果的态度，也可以反映出在教育过程中他们的所作所为、他们采取的具体方式。再往前，我们可以去追溯教育者的初心、出发点，他们的教育理念是怎样的，我们眼中理想的教育理念又是怎样的。

3 思考提升

阅读下面的漫画材料，根据要求写一篇不少于800字的文章。（2019年全国卷Ⅲ）

要求：结合材料的内容和寓意，选好角度，确定立意，明确文体，自拟标题；不要套作，不得抄袭；不得泄露个人信息。

【解析】2019年全国卷Ⅲ作文题又是以漫画为载体，此次主题为师生情。我们稍作延伸，便会发现师生情承载的本质也是教育。而2016年全国卷Ⅰ作文题的本质也是在探讨教育问题，只是它们分别属于教育话题下的不同细分方向。这启示我们在研究高考作文母题的时候还应当注意其反映的本质主题的拓展延伸。

YILIN
意林作文
ZUOWEN

Manage Your Time
Subject
Name

Date

Sun Mon Tue Wed Thu Fri Sat

Memo

To do list

Time tabe

06:00

07:00

08:00

09:00

10:00

11:00

12:00

13:00

14:00

15:00

16:00

17:00

18:00

19:00

20:00

21:00

22:00

Important list

Date
Sun Mon Tue Wed Thu Fri Sat
Memo
Time tabe
06:00
07:00
08:00
09:00
10:00
11:00
12:00
13:00
14:00
15:00
16:00
17:00
18:00
19:00
20:00
21:00
22:00
To do list
Important list

Date ________

Sun ☐ Mon ☐ Tue ☐ Wed ☐ Thu ☐ Fri ☐ Sat ☐

Memo

Time tabe

06:00

07:00

08:00

09:00

10:00

11:00

12:00

13:00

14:00

15:00

16:00

17:00

18:00

19:00

20:00

21:00

22:00

To do list

Important list

Date

Sun Mon Tue Wed Thu Fri Sat

Memo

To do list

Time tabe

06:00

07:00

08:00

09:00

10:00

11:00

12:00

13:00

14:00

15:00

16:00

17:00

18:00

19:00

20:00

21:00

22:00

Important list

Date ____________

Sun Mon Tue Wed Thu Fri Sat

☐ ☐ ☐ ☐ ☐ ☐ ☐

Memo

Time tabe

06:00

07:00

08:00

09:00

10:00

11:00

12:00

13:00

14:00

15:00

16:00

17:00

18:00

19:00

20:00

21:00

22:00

To do list

Important list

Date

Sun Mon Tue Wed Thu Fri Sat

Memo

Time tabe

06:00

07:00

08:00

09:00

10:00

11:00

12:00

13:00

14:00

15:00

16:00

17:00

18:00

19:00

20:00

21:00

22:00

To do list

Important list

Date

Sun Mon Tue Wed Thu Fri Sat

Memo

To do list

Time tabe

06:00

07:00

08:00

09:00

10:00

11:00

12:00

13:00

14:00

15:00

16:00

17:00

18:00

19:00

20:00

21:00

22:00

Important list

Date ______________

Memo

Sun ☐ Mon ☐ Tue ☐ Wed ☐ Thu ☐ Fri ☐ Sat ☐

Time tabe

06:00

07:00

08:00

09:00

10:00

11:00

12:00

13:00

14:00

15:00

16:00

17:00

18:00

19:00

20:00

21:00

22:00

To do list

Important list

Date ____________

Sun ☐ Mon ☐ Tue ☐ Wed ☐ Thu ☐ Fri ☐ Sat ☐

Memo

To do list

Time tabe

06:00

07:00

08:00

09:00

10:00

11:00

12:00

13:00

14:00

15:00

16:00

17:00

18:00

19:00

20:00

21:00

22:00

Important list

Date ______________

Sun Mon Tue Wed Thu Fri Sat

Memo

To do list

Time tabe

06:00

07:00

08:00

09:00

10:00

11:00

12:00

13:00

14:00

15:00

16:00

17:00

18:00

19:00

20:00

21:00

22:00

Important list

Date ______________

Sun ☐ Mon ☐ Tue ☐ Wed ☐ Thu ☐ Fri ☐ Sat ☐

Memo

To do list

Time tabe

06:00

07:00

08:00

09:00

10:00

11:00

12:00

13:00

14:00

15:00

16:00

17:00

18:00

19:00

20:00

21:00

22:00

Important list

Date

Memo

Sun Mon Tue Wed Thu Fri Sat

☐ ☐ ☐ ☐ ☐ ☐ ☐

To do list

Time tabe

06:00

07:00

08:00

09:00

10:00

11:00

12:00

13:00

14:00

15:00

16:00

17:00

18:00

19:00

20:00

21:00

22:00

Important list

Date

Sun Mon Tue Wed Thu Fri Sat

Memo

Time tabe

06:00

07:00

08:00

09:00

10:00

11:00

12:00

13:00

14:00

15:00

16:00

17:00

18:00

19:00

20:00

21:00

22:00

To do list

Important list

Date

Sun Mon Tue Wed Thu Fri Sat

Memo

To do list

Time tabe

06:00

07:00

08:00

09:00

10:00

11:00

12:00

13:00

14:00

15:00

16:00

17:00

18:00

19:00

20:00

21:00

22:00

Important list

Date
Sun
Mon
Tue
Wed
Thu
Fri
Sat
To do list
Memo
Time tabe
06:00
07:00
08:00
09:00
10:00
11:00
12:00
13:00
14:00
15:00
16:00
17:00
18:00
19:00
20:00
21:00
22:00
Important list

Date ____________

Memo

Sun ☐ Mon ☐ Tue ☐ Wed ☐ Thu ☐ Fri ☐ Sat ☐

To do list

Time tabe

06:00

07:00

08:00

09:00

10:00

11:00

12:00

13:00

14:00

15:00

16:00

17:00

18:00

19:00

20:00

21:00

22:00

Important list

Date ____________

Sun ☐ Mon ☐ Tue ☐ Wed ☐ Thu ☐ Fri ☐ Sat ☐

Memo

Time tabe

06:00

07:00

08:00

09:00

10:00

11:00

12:00

13:00

14:00

15:00

16:00

17:00

18:00

19:00

20:00

21:00

22:00

To do list

Important list

Date ______________

Sun ☐ Mon ☐ Tue ☐ Wed ☐ Thu ☐ Fri ☐ Sat ☐

Memo

To do list

Time tabe

06:00

07:00

08:00

09:00

10:00

11:00

12:00

13:00

14:00

15:00

16:00

17:00

18:00

19:00

20:00

21:00

22:00

Important list

Date

Sun Mon Tue Wed Thu Fri Sat

Memo

To do list

Time tabe

06:00

07:00

08:00

09:00

10:00

11:00

12:00

13:00

14:00

15:00

16:00

17:00

18:00

19:00

20:00

21:00

22:00

Important list

Date ______________

Sun ☐ Mon ☐ Tue ☐ Wed ☐ Thu ☐ Fri ☐ Sat ☐

Memo

Time tabe

06:00

07:00

08:00

09:00

10:00

11:00

12:00

13:00

14:00

15:00

16:00

17:00

18:00

19:00

20:00

21:00

22:00

To do list

Important list

Date ____________

Sun Mon Tue Wed Thu Fri Sat

☐ ☐ ☐ ☐ ☐ ☐ ☐

Memo

Time tabe

06:00

07:00

08:00

09:00

10:00

11:00

12:00

13:00

14:00

15:00

16:00

17:00

18:00

19:00

20:00

21:00

22:00

To do list

Important list

Date ______________

Sun ☐ Mon ☐ Tue ☐ Wed ☐ Thu ☐ Fri ☐ Sat ☐

Memo

To do list

Time tabe

06:00

07:00

08:00

09:00

10:00

11:00

12:00

13:00

14:00

15:00

16:00

17:00

18:00

19:00

20:00

21:00

22:00

Important list

Date ____________

Sun ☐ Mon ☐ Tue ☐ Wed ☐ Thu ☐ Fri ☐ Sat ☐

Memo

To do list

Time tabe

06:00

07:00

08:00

09:00

10:00

11:00

12:00

13:00

14:00

15:00

16:00

17:00

18:00

19:00

20:00

21:00

22:00

Important list

For you

Date ______________

Memo

Time tabe

06:00

07:00

08:00

09:00

10:00

11:00

12:00

13:00

14:00

15:00

16:00

17:00

18:00

19:00

20:00

21:00

22:00

Sun ☐ Mon ☐ Tue ☐ Wed ☐ Thu ☐ Fri ☐ Sat ☐

To do list

Important list

Date
Sun Mon Tue Wed Thu Fri Sat
Memo
To do list
Time tabe
06:00
07:00
08:00
09:00
10:00
11:00
12:00
13:00
14:00
15:00
16:00
17:00
18:00
19:00
20:00
21:00
22:00
Important list

Date

Sun Mon Tue Wed Thu Fri Sat

Memo

Time tabe

06:00

07:00

08:00

09:00

10:00

11:00

12:00

13:00

14:00

15:00

16:00

17:00

18:00

19:00

20:00

21:00

22:00

To do list

Important list

Date

Sun Mon Tue Wed Thu Fri Sat

Memo

Time tabe

06:00

07:00

08:00

09:00

10:00

11:00

12:00

13:00

14:00

15:00

16:00

17:00

18:00

19:00

20:00

21:00

22:00

To do list

Important list

Date ______________

Sun Mon Tue Wed Thu Fri Sat

Memo

To do list

Time tabe

06:00

07:00

08:00

09:00

10:00

11:00

12:00

13:00

14:00

15:00

16:00

17:00

18:00

19:00

20:00

21:00

22:00

Important list

Date ____________

Sun ☐ Mon ☐ Tue ☐ Wed ☐ Thu ☐ Fri ☐ Sat ☐

Memo

To do list

Time tabe

06:00

07:00

08:00

09:00

10:00

11:00

12:00

13:00

14:00

15:00

16:00

17:00

18:00

19:00

20:00

21:00

22:00

Important list

Date ____________

Sun Mon Tue Wed Thu Fri Sat

☐ ☐ ☐ ☐ ☐ ☐ ☐

Memo

Time tabe

06:00

07:00

08:00

09:00

10:00

11:00

12:00

13:00

14:00

15:00

16:00

17:00

18:00

19:00

20:00

21:00

22:00

To do list

Important list

Date
Sun
Mon
Tue
Wed
Thu
Fri
Sat
Memo
To do list
Time tabe
06:00
07:00
08:00
09:00
10:00
11:00
12:00
13:00
14:00
15:00
16:00
17:00
18:00
19:00
20:00
21:00
22:00
Important list

Date ______________

Memo

Sun Mon Tue Wed Thu Fri Sat

To do list

Time tabe

06:00

07:00

08:00

09:00

10:00

11:00

12:00

13:00

14:00

15:00

16:00

17:00

18:00

19:00

20:00

21:00

22:00

Important list

Date

Sun Mon Tue Wed Thu Fri Sat

Memo

Time tabe

06:00

07:00

08:00

09:00

10:00

11:00

12:00

13:00

14:00

15:00

16:00

17:00

18:00

19:00

20:00

21:00

22:00

To do list

Important list

Date ______________

Sun Mon Tue Wed Thu Fri Sat

Memo

To do list

Time tabe

06:00

07:00

08:00

09:00

10:00

11:00

12:00

13:00

14:00

15:00

16:00

17:00

18:00

19:00

20:00

21:00

22:00

Important list

Date

Sun Mon Tue Wed Thu Fri Sat

Memo

To do list

Time tabe

06:00

07:00

08:00

09:00

10:00

11:00

12:00

13:00

14:00

15:00

16:00

17:00

18:00

19:00

20:00

21:00

22:00

Important list

Date

Sun Mon Tue Wed Thu Fri Sat

Memo

To do list

Time tabe

06:00

07:00

08:00

09:00

10:00

11:00

12:00

13:00

14:00

15:00

16:00

17:00

18:00

19:00

20:00

21:00

22:00

Important list

Date

Sun Mon Tue Wed Thu Fri Sat

Memo

Time tabe

06:00

07:00

08:00

09:00

10:00

11:00

12:00

13:00

14:00

15:00

16:00

17:00

18:00

19:00

20:00

21:00

22:00

To do list

Important list

Date

Sun Mon Tue Wed Thu Fri Sat

Memo

To do list

Time tabe

06:00

07:00

08:00

09:00

10:00

11:00

12:00

13:00

14:00

15:00

16:00

17:00

18:00

19:00

20:00

21:00

22:00

Important list

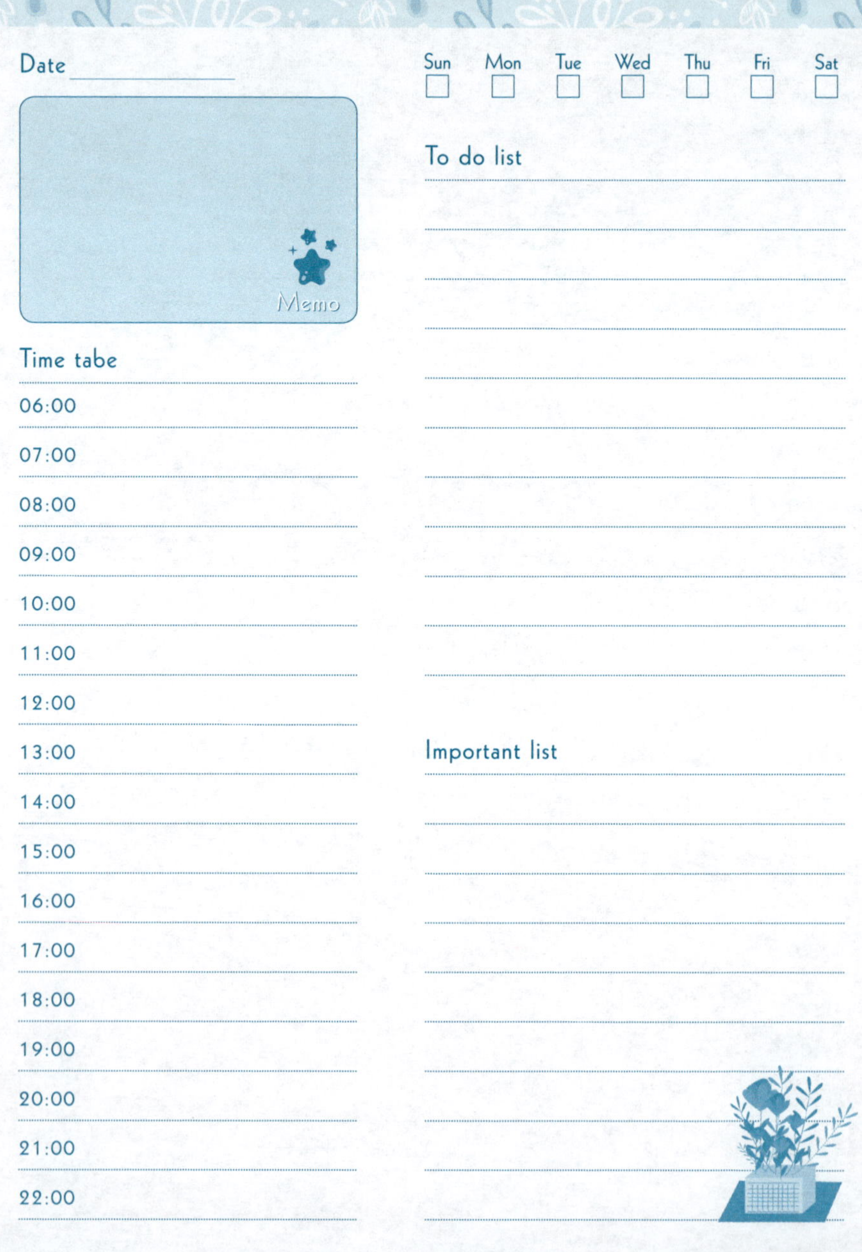

Date

Sun Mon Tue Wed Thu Fri Sat

Memo

Time tabe

06:00

07:00

08:00

09:00

10:00

11:00

12:00

13:00

14:00

15:00

16:00

17:00

18:00

19:00

20:00

21:00

22:00

To do list

Important list

Date ____________

Memo

Time tabe

06:00

07:00

08:00

09:00

10:00

11:00

12:00

13:00

14:00

15:00

16:00

17:00

18:00

19:00

20:00

21:00

22:00

Sun ☐ Mon ☐ Tue ☐ Wed ☐ Thu ☐ Fri ☐ Sat ☐

To do list

Important list

Date ______________

Sun Mon Tue Wed Thu Fri Sat

Memo

To do list

Time tabe

06:00

07:00

08:00

09:00

10:00

11:00

12:00

13:00

14:00

15:00

16:00

17:00

18:00

19:00

20:00

21:00

22:00

Important list

Date ______________

Memo

Time tabe

06:00

07:00

08:00

09:00

10:00

11:00

12:00

13:00

14:00

15:00

16:00

17:00

18:00

19:00

20:00

21:00

22:00

Sun Mon Tue Wed Thu Fri Sat

To do list

Important list

Date ______________

Sun | Mon | Tue | Wed | Thu | Fri | Sat
☐ ☐ ☐ ☐ ☐ ☐ ☐

Memo

Time tabe

06:00

07:00

08:00

09:00

10:00

11:00

12:00

13:00

14:00

15:00

16:00

17:00

18:00

19:00

20:00

21:00

22:00

To do list

Important list

Date ______________

Sun Mon Tue Wed Thu Fri Sat

☐ ☐ ☐ ☐ ☐ ☐ ☐

Memo

To do list

Time tabe

06:00

07:00

08:00

09:00

10:00

11:00

12:00

13:00

14:00

15:00

16:00

17:00

18:00

19:00

20:00

21:00

22:00

Important list

Date

Sun Mon Tue Wed Thu Fri Sat

Memo

Time tabe

06:00

07:00

08:00

09:00

10:00

11:00

12:00

13:00

14:00

15:00

16:00

17:00

18:00

19:00

20:00

21:00

22:00

To do list

Important list

Date
Sun
Mon
Tue
Wed
Thu
Fri
Sat
To do list
Memo
Time tabe
06:00
07:00
08:00
09:00
10:00
11:00
12:00
13:00
14:00
15:00
16:00
17:00
18:00
19:00
20:00
21:00
22:00
Important list